海图知识图谱解析

王绍华　董　箭　贾帅东　吴　迪　　编著
唐露露　戴佳良　刘俊男　杜嘉星

电子工业出版社
Publishing House of Electronics Industry
北京·BEIJING

内 容 简 介

海图是海洋调查、测绘与研究的主要成果，也是从事海上活动的重要资料，广泛用于航海、海洋工程建设、海洋科学研究、海上资源开发、海洋划界以及海洋军事等活动中。本书从科学普及的角度介绍海图制图、识图与用图的知识，构建集海图的历史发展、分类构成、数学知识、地理要素、制图技术、海图相关法律等多元知识于一体的海图知识图谱，使读者了解海图的基本概念和技术方法、海图的历史演变和发展方向，提升关注海洋、重视海洋、向海图强的意识，为海洋强国战略、科技强军战略的实施提供支持。

本书既可供部队官兵、大学生和中学生阅读，又可供对海洋测绘、航海、海洋等领域的知识感兴趣的人员阅读。

未经许可，不得以任何方式复制或抄袭本书之部分或全部内容。
版权所有，侵权必究。

图书在版编目（CIP）数据

海图知识图谱解析/王绍华等编著. —北京：电子工业出版社，2024.4
ISBN 978-7-121-47583-2

Ⅰ.①海… Ⅱ.①王… Ⅲ.①航海图－图谱 Ⅳ.①U675.81-64

中国国家版本馆 CIP 数据核字（2024）第 063366 号

审图号：GS 京（2024）0532 号

责任编辑：谭海平
印　　刷：中国电影出版社印刷厂
装　　订：中国电影出版社印刷厂
出版发行：电子工业出版社
　　　　　北京市海淀区万寿路 173 信箱　邮编：100036
开　　本：720×1000　1/16　印张：14　字数：268.8 千字
版　　次：2024 年 4 月第 1 版
印　　次：2024 年 4 月第 1 次印刷
定　　价：89.00 元（全彩）

凡所购买电子工业出版社图书有缺损问题，请向购买书店调换。若书店售缺，请与本社发行部联系，联系及邮购电话：（010）88254888，88258888。

质量投诉请发邮件至 zlts@phei.com.cn，盗版侵权举报请发邮件至 dbqq@phei.com.cn。
本书咨询联系方式：（010）88254552，tan02@phei.com.cn。

前　言

海图，既是海洋调查、测绘与研究的主要成果，又是从事海上活动的重要资料，广泛应用于航海、海洋工程建设、海洋科学研究、海上资源开发、海洋划界以及海洋军事等活动中。在信息技术越来越普及与完善的今天，海图制图、识图与用图的科学知识无论是在理论基础上还是在技术方法上，都发生了巨大的变革，而人们对海图的认知程度却相对较低，许多涉海人员对海图的实践应用仍然停留在基础的"读图"阶段。如何正确认识海图、运用海图，是科学、合理地开发、运用海洋地理信息的前提与基础。

当前，关于海图知识的科学研究与运用，主要集中于海图制图技术研究以及后续基于海图知识的辅助分析与决策方面，这些研究内容大致可划分为以下两个方面：① 海图制图专业技术研究。海图制图专业技术研究的人员主要是针对海洋测绘专业海图制图方向的专业技术人员，研究内容包含海图学、地图投影、海图编辑设计、海图制图综合、专题海图制图、数字海图制图、海图制定等多个方面，涵盖海图制图的全过程。② 海图知识分析运用研究。随着国内外海洋与海运事业的蓬勃发展，相关涉海人员开始对海图知识产生兴趣，海图与地理信息系统（Geographic Information System，GIS）的融合，产生了海洋地理信息系统这个新兴的研究方向，利用地理信息系统对海图乃至海洋进行分析与研究也逐步成为国内外研究的热点方向之一。

综上，当前对海图知识方面的分析与应用认知，门槛相对较高，不具备海洋测绘专业背景的人员很难真正理解海图知识的"内在机理"，因此无法科学、合理地应用海图来开展实践运用，导致当前海图用图人员对海图知识的了解往往停留在基础的"读图"层面，无法灵活运用海图为海上实践提供帮助。

本书主要从科学普及的角度介绍海图制图、识图与用图的知识，内容力求通俗易懂，紧跟现代海图技术的最新发展，展现海图历史发展的渊源博大，反映海图制图技术的新发展、新变化，具有较强的科学性和先进性。

全书共分七章。第一章主要介绍世界海图发展史和文化故事，宣传普及我国传统文化和海洋命运共同体的理念；第二章按照从近海到远海、从低纬度到高纬度、从纸质到数字的逻辑主线，介绍海图类型的演变和特点，帮助读者了解海图的功能、用途等；第三章主要介绍海图的投影、比例尺、坐标系、高程系统（基准面）、制图网、分幅编号等数学知识，帮助读者学会正确识图和用图；第四章从海洋地理要素的图形符号表示方法、人文故事等着眼，宣传和普及海洋文化知识；第五章通过介绍海图编辑、要素综合、数字海图、印刷、传输等使用的技术手段，在普及测绘科技知识的同时，反映科技革命在人类海洋活动、海图生产中带来的新变化；第六章主要介绍海图知识产权、航海通告、海图使用管理规定等内容，宣传普及海图的相关法律知识，介绍世界海图组织、海图制图师等内容，帮助读者了解世界各国管理和使用海图的常识；第七章主要介绍下一代海图制图体系、数字地球与数字海洋、海洋战略与海洋位置服务等海图发展路线。

本书的撰写得到了国防科技计划项目（22-ZLXD-22-01-01-001-01）的资助，感谢其对编著者的信任及对研究内容的支持。

本书的大部分内容是编著者近年来在海军大连舰艇学院军事海洋与测绘系及海洋测绘工程军队重点实验室从事教学、科研期间完成的；第一章由贾帅东、王绍华编写，第二章由杜嘉星编写，第三章由吴迪编写，第四章由刘俊男编写，第五章由唐露露编写，第六章由戴佳良编写，第七章由董箭、王绍华编写；全书由王绍华、董箭、贾帅东统稿。

虽然本书的研究只是一个开始，但编著者相信这可为今后的研究奠定较好的基础。同时，编著者也希望本书的出版能起到抛砖引玉的作用，使更多的专家、学者和同行关注该领域的研究，进一步推动航海图书知识的科学普及与宣传。由于海图知识涉及的领域较多，并且处于快速发展之中，加之编著者水平有限，书中一定存在不少错误和不足之处，敬请广大读者批评指正。

编著者

2023 年 8 月于大连

目 录

绪论 001

第一节 什么是海图 001

第二节 海图的基本特性 002

一、严密的数学法则 003

二、简洁高效的符号系统 003

三、科学的制图综合 004

第三节 海图相对于地图的特点 004

小结 005

第一章 海图的前世今生 007

第一节 古代海图发展史 007

一、西方古代海图发展史 007

二、我国古代海图发展史 022

第二节 近现代海图发展史 028

一、西方近现代海图发展史 028

二、中国近现代海图发展史 034

第三节 海图与海洋命运共同体 037

一、海图的今生现状与发展趋势 038

二、海洋命运共同体构建 041

三、海图与海洋命运共同体关联解析 046

小结 048

第二章 海图类型和用途有哪些 050

第一节 航海图、通用海图和专用海图如何使用 050

一、航海图 050

二、通用海图　052

三、专用海图　056

第二节　普通海图和专题海图有何不同　057

一、普通海图　057

二、专题海图　058

第三节　大、中、小比例尺海图的不同作用　062

一、海图的比例尺划分　062

二、总图　063

三、航海图　063

四、海岸图　063

五、港泊图　063

第四节　地域海图的妙用有哪些　064

一、现代海图的基本功能　064

二、现代海图的应用领域　065

小结　068

第三章　海图中的数学奥秘　069

第一节　海图上的经纬网是什么时候出现的　069

第二节　墨卡托海图为什么流传至今仍然是主流海图　071

第三节　为什么远洋航行要用日晷投影　075

第四节　从海岸线有多长到海图比例尺　075

一、比例尺的概念　077

二、比例尺的形式　078

第五节　海图上的计量单位是由海图坐标系确定的吗　081

一、大地坐标系　081

二、各大地坐标系间的转换　084

第六节　海图基准面对水深数值的影响是什么　085

一、陆地高程基准　086

二、海洋深度基准　087

三、海图上各种起伏要素的起算　089

第七节　海图的分幅和编号对用图者有何影响　090

一、什么是海图分幅　090

二、影响海图分幅的因素有哪些　091

三、如何进行海图分幅　092

四、什么是海图编号　095

五、我国海图是如何编号的　096

小结　099

第四章　海图地理要素的内容和用途有哪些　100

第一节　海岸是陆地与海洋的分界吗　100

一、海部要素　100

二、陆部要素　101

第二节　干出滩与海洋的关系是什么　101

第三节　海底地形以什么样的方式进行表示　103

第四节　航行障碍物与航行事故　107

第五节　助航标志与海上交通规则　110

第六节　海洋水文与大航海时代　114

小结　118

第五章　海图制图技术的先进性在哪里　119

第一节　海图编辑设计做什么　119

一、海图编辑设计的概念　119

二、纸质海图设计　119

三、电子海图设计　120

第二节　海图制图综合有什么　121

一、海图制图综合的概念　121

二、海图制图综合的基本原则　124

三、海图制图综合的基本方法　130

四、海图制图综合的过程与顺序　134

第三节　数字海图制图是什么　137

一、数字海图和电子海图　137

二、数字海图制图学　141

三、数字海图制图技术　141

第四节　海图印刷用什么　142

第五节　海图传输为什么　143
　　一、国际海图传输的发展现状　143
　　二、我国海图传输的发展现状　144
　　三、我国海图传输的目的和意义　145
小结　147

第六章　海图使用与管理如何做　148

第一节　海图知识产权是什么　148
　　一、海图版权保护法律　148
　　二、海图版权保护标准　151
第二节　航海通告有什么用　153
　　一、海图的现势性问题　153
　　二、航海通告的概念　154
第三节　海图使用管理怎么做　155
　　一、纸质海图质量管理与评估　155
　　二、数字海图质量管理与评估　158
　　三、海图评价　161
第四节　世界海图组织是什么　162
　　一、国际主要制图组织　163
　　二、我国的主要制图机构　169
第五节　海图制图师做什么　171
小结　173

第七章　海图与数字海洋对人类生活的影响　174

第一节　下一代海图制图体系是什么样的　174
　　一、新一代海道测量数据传输国际标准　175
　　二、我国新一代数字海图制图系统　182
　　三、远程海图发布与维护更新技术　190
第二节　数字海洋的作用影响　191
　　一、当科幻成为现实：戈尔的数字地球计划　192
　　二、数字地球的关注重点：数字海洋　196
　　三、数字海洋的建设现状　199

四、数字海洋的应用领域　200
　第三节　海洋战略与海洋位置服务的意义　204
　　　一、海洋战略的地位价值　204
　　　二、海洋战略的主要内容　205
　　　三、海洋战略的发展目标　206
　　　四、海洋战略的实施条件　206
　　　五、海洋位置服务技术　210
　小结　211

参考文献　212

绪　　论

海图是以海洋及其毗邻的陆地为描绘对象的地图，其特性如下：按一定的数学法则将不可展平的地球表面（地表）描写为地图平面；采用特殊的图形符号体系描绘地球上复杂的自然、社会和经济现象；根据确定的原则和规律对制图现象进行取舍和概括，反映出制图区域的本质特征和相互联系。海图既是海洋测量和调查研究的成果，又是海洋开发和利用的重要工具。

第一节　什么是海图

海图是地图的一个分支和组成部分，这是被大家普遍接受的一个共识。制图学漫长的发展和应用历史也表明，海图与其他地图图种之间虽然有很多不同之处，但是在根本特性上是一致的。因此，我们可通过考察和研究地图概念，揭示其根本特性，进而发现和深刻地理解海图的概念与特性。因此，我们的"发现之旅"就从研究地图的概念开始。

对"地图"这个概念的理解随着时代的前进而不断发展变化。最初，人们简单地将地图定义为"地表在平面上的描写"。这个定义简明扼要，直指核心，在很长的一段时间里成为大家的共同观念。但是，随着地图的发展和对地图理解的深入，该定义显得过于精简而不够确切、全面。后来，陆续有学者提出了"地图是周围环境的图形表达""地图是空间信息的图形表达""地图是反映自然和社会现象的形象符号模型""地图是传输信息的通道"等诸多定义。最终，行业全球最高学术组织——国际地图制图学协会（International Cartographic Association，ICA）集中各国专家的意见后，将地图定义如下："地图是一种描述地理实体的符号化图像，根据应用目的进行设计，恰当描述空间关系，表现所选择的各种要素或特征，并经过地图制图工作者的取舍等富有创造性的处理而成。"（A map is a symbolized image of geographical reality, representing selected features or characteristics, resulting from the creative effort of its author's execution of choices, and is designed for use when spatial relationships are of primary relevance.）

地图作为一种传输地理信息的工具，是一种科学、技术产品。地图是依据一定的数学法则，使用专门的符号系统，经过取舍和概括，表现客观世界的图形产品。地图上表现空间现象的诸多数量特征和质量特征及其联系和随时间推移的变化，使得用图者得到空间（坐标、长度、面积、高度、体积等）及其相互关系的信息，同时地图还带有艺术性。

因此，综合上述各方面的观点，我们仍可将地图定义如下："按照一定的数学法则，将地表的空间信息，经过科学的制图综合后，以人类最终可以感知的方式缩小表示在一定的载体上的图形模型，用以满足人们对地理信息的需求。"

海图是以海洋及其毗邻的陆地为描绘对象的一类地图，是地图的一个比较特殊的分支。因此，作为地图的一个分支，可以沿用地图的定义将海图定义如下："按照一定的数学法则，将地表的海洋及其毗邻的陆地部分的空间信息，经过科学的制图综合后，以人类最终可以感知的方式缩小表示在一定的载体上的图形模型，用以满足人们对地理信息的需求。"

海图的描绘对象通常仅限于地表的海洋及其毗邻的陆地部分，因此海图的定义要比地图的定义狭窄，同时海图和海图以外的其他地图既有许多共性，又有不少差异，这些差异构成了海图独特的使用风格和价值。

第二节　海图的基本特性

海图与地图一样，是为满足人类认识客观世界的需要而出现和发展的，是一种反映自然的特殊形式。有文献典籍可考的地图历史可追溯到数千年前，其发展几乎与人类的文化史或环境的认识史是同步的。当正射相片图出现时，不少人曾根据影像的客观性和工艺的新颖感推断它将代替线划图而成为新一代产品。当卫星影像出现时，不少人也曾有过类似的设想。但是，事实证明，相片图除某些方面可以补充或代替线划图，并为编制某些专题海图提供数据外，整体上看并不能完全取代线划图，反而正逐渐成为传统线划图的数据源。20世纪70年代中期，当计算机技术被引入制图领域后，不少人曾预言计算机意味着传统图形方式的海图的终结，传统海图将完全被数字信息的存储与处理设备代替。然而，不过十年，人们就认识到计算机技术的巨大价值不仅在于部分地代替海图，而且空前扩大了海图制图实践的领域，提升了海图内容的深度，提高了海图制图生产的效率。海图仍将以其特有的性质按照自身的规律继续存在与发展，因为海图的基本特性是其他信息表现方式所不具备的：严密的数学法则、简洁高效的符号系统和科学的制图综合。

一、严密的数学法则

地球椭球体表面是一个不可展平的曲面,而海图是一个平面,因此,解决曲面和平面这对矛盾的方法就是采用海图投影。首先,将地球自然表面上的点沿铅垂线方向垂直投影到地球椭球体面上;然后,将地球椭球体面上的点按海图投影的数学方法表示到平面上;最后,按比例缩小到可见程度。海图投影方法、比例尺和控制定向构成海图的数学法则,它是海图制图的基础。这个法则使得海图具有足够的数学精度、可量测性和可比性。

海图投影的实质是建立地球椭球体表面上点的经纬度和其在平面上的直角坐标之间的对应数学关系,投影结果使得曲面上的点变成平面上的点,虽然不能做到制图区内的点无任何误差和处处比例尺严格一致,但是可以精确计算并控制投影后的误差大小,与其他表现形式相比,大大提高了海图的科学性。海图作为一种具有数学基础的实体缩小模型,不仅具有几何概念,而且具有拓扑比例的性质。同时,海图既可用具体的图形形式表达,又可用数字形式显示。

描绘地表的素描画和写景图也具有类似于透视投影的数学法则,即随着观测者位置的不同,地物的形状和大小也不同,近大远小。航空相片和卫星相片则是中心投影的,物体的形状和大小随相片上位置的变化而变化。等大的同一物体在相片中心和边缘的形状、大小是不同的。这些投影与海图的投影相比有很多缺点。

二、简洁高效的符号系统

地表的事物现象复杂多样,如何在海图上再现客观世界?海图符号系统就是解决地表实际和表现形式这对矛盾的,即采用线划符号、颜色注记等海图符号来描绘地表。符号系统是海图的语言。运用符号系统表示地表内容,不仅可以表示地表上的可见事物,而且可以表示没有固定形状的自然现象和人文现象;不仅能表示地理事物的外部轮廓,而且能表示事物的位置、范围、质量特征和数量差异;运用符号还可区分地表的主要内容和次要内容,达到主次分明的效果。符号系统这一特殊语言使得海图具有直观性和易读性。

与航空相片、卫星相片相比,海图符号具有许多优越性:① 大大缩小后,航空相片一般不能清楚地显示地表的影像,但采用简化、抽象手段仍可使地表物体(地物)具有清晰的轮廓图像。② 地表上形体较小但较重要的物体如三角点、水准点、泉水等,在相片上不易发现,但在海图上则可根据需要清楚地表示。③ 事物的性质在相片上不易识别，如湖水的咸淡、土壤类型、路面性质、坡度陡缓等，在海图上则可通过加注而一目了然。④ 地表上一些被遮挡的地物在相片上无法显示，但在海图上则可达到一览无余的效果，如植被覆盖下的地形、隧道、地下建筑物等。⑤ 许多人文要素在相片上根本无法显示，但在海图上则可清楚表达，如行政区划界线、居民地人口数、工厂性质、劳动生产率等。

三、科学的制图综合

地表的事物和现象繁多，而海图的图面却极为有限，有限的海图表示空间与无限的地表要素之间构成了强烈的矛盾冲突。海图制图综合就是为解决这对矛盾而采用的手段，它通过科学的综合选取和舍弃、轮廓形状简化和内部结构整理概括，反映地表事物和现象及其特征中重要的、基本的、本质性的部分，舍去次要的、个别的、非本质性的部分，表示制图区域的基本特征。因此，海图是地表实际的缩小和概括。经过制图综合，可使海图的内容和载负量达到统一，进而具有清晰性和易读性。

海图制图综合的过程，是制图者进行科学的图形思维、加工，抽象事物内在本质及其联系的过程。随着制图比例尺的缩小，图面面积随之缩小，有效表达在海图上的内容也相应减少，因此要突出主要、减缩数量、删繁就简、概括内容。

与海图所具有的科学的制图综合相比，航摄和遥感相片虽然也能随比例尺的缩小而舍弃物体的碎部特征和一些细小的物体，但是与制图人员有目的、有侧重的制图综合远不可同日而语。相片上发生的简化是无方向的，是自然产生的，不能或者基本上不能起到突出重点和主要要素与特征的作用。而制图综合是"有控制的"科学的处理过程和处理作业，经过制图综合，用图人员能够更清楚地感知要素的空间分布和相互联系，更好地理解地表要素的本质特征。

第三节 海图相对于地图的特点

虽然基本特性与地图一致，但海图仍有自身鲜明的特点，且形成了自身独有的风格和传统。海图的特点体现在其特殊用途及所表示的制图对象中。

海图的描绘对象是海洋及其毗邻的陆地。海洋与陆地最大的不同在于海底之上覆盖着一层海水。在海洋中的各处，海水有着不同的深度、温度、盐度、密度和透明度。由于天文、气象、地壳运动等许多原因会引起海水不停地运动（如垂直运动的潮汐现象、水平运动的潮流/海流以及海啸、波浪、旋涡等），光在水中传播的性质会使得光学仪器难以在海洋测量中应用，与获取陆地信息相比，获取海洋信息的手段和方式是有区别的：陆地地形测量的常规方法是实地地形测量和航空摄影测量，海洋地形测量的常规方法则是利用船艇进行海洋水深测量；陆地测量定位精度高，海洋测量定位精度低；陆地地形测量主要用光学仪器，海洋地形测量主要用声学仪器。仪器、方法、精度的不同，使得测量的外业成果形式也不同。陆地测量的外业成果主要是图形资料，海洋测量的外业成果主要是记录纸、磁带和文字数据，这就使得海图的成图方式与过程也有别于陆图。

当然，差别更大的还是海图的内容及其表示方法。由于海水的覆盖，人类对海洋的改造和利用大大区别于陆地，导致海洋信息与陆地信息有着重大的区别，引起海图和陆图在表示内容、方法、侧重点上的诸多显著不同。相对于陆图，海图在下述方面有着明显的特点：

（1）多选用墨卡托投影（等角正圆柱投影）编制，以利于航船等角航行时进行海图作业。
（2）没有固定的比例尺系列。
（3）深度起算面不是平均海面，而选用有利于航海的特定深度的基准面。
（4）图幅主要沿海岸线或航线划分，邻幅之间有供航行换图时所必需的较大重叠部分（叠幅）。
（5）为适应分幅的特点，海图有自身特有的编号系统。
（6）海图与陆图制图综合的具体原则因内容差异甚大和用途不同而有所区别。
（7）有自身的符号系统（海图上有许多陆图上没有的地物，相同的地物符号也不尽相同）。
（8）采用独特的更新方式，能够更及时且不间断地进行更新，保持其现势性，确保船舶航行安全。

小　结

本章主要概述了海图的定义、特性及与地图的区别。海图是地图的一种，是表示海洋区域制图现象的一种地图。航海必须要有精确测绘海洋水域和沿岸地物的专门地图，所以海图要按一定的比例尺和投影方法绘制而成。海图的主要特点有：多选用墨卡托投影编制，以利于航船等角航行时进行海图作业；没有固定的比例尺；深度起算面不是平均海面，而选用有利于航海的深度基准面；分幅主要沿海岸线或航线划分，相邻图幅有供航行换图时所需的较大重叠部分；为适应分幅的特点，海图有自身的编号系统；海图与陆图的制图具体原则因内容差异甚大和用途不同有所区别；有自身独立的符号系统；由于水动力的淤积与冲刷作用，海底地形会有变化，加上海洋工程建设的影响，海图需要及时、不间断地更新，以保持现势性，确保船舶航行安全。与普通地图相比，海图的功能是传递地表为航海所需的海洋水域及沿岸地物的各种信息。

01 海图的前世今生

中国地处欧亚大陆东部，东临世界最大洋——太平洋，拥有约 3.2 万千米的绵延海岸线和 400 多万平方千米的海域面积。历史上，我国沿海人民很早就进行了航海实践，悠久的海图文化与璀璨的历史文明相伴相生，2500 多年的海图发展底蕴忠实记载了中华民族向海图强的壮举。本章从古代和近现代介绍世界海图发展史与文化故事，宣传普及我国传统文化和海洋命运共同体的理念。

第一节 古代海图发展史

一、西方古代海图发展史

海图源于何时何地，现已无法考证，但从出土文物看到，早在石器时代，居住在海边的人们就能用木棒、树叶、贝壳等制作"立体海图"，以表示岛与岛之间的相互位置、海水流向、航线等信息，这就是最原始的海图。

（一）古巴比伦时期的世界地图

随着海上航路的发展，人们对海洋的视野不断扩大。在幼发拉底河出土的一块公元前 2000 年左右的地图残片上，记录有"第 6 块泥板"的字样。这说明早在公元前 2500 年前，古巴比伦人就在陶片泥板上绘制水域、山岳、城市等海图要素，且这种方式一直延续到公元前 600 多年。在巴比伦古城西巴尔的废墟中，人们还发现了一块长 12.2 厘米、宽 8.2 厘米的巴比伦泥板世界地图（见图 1.1）。

（二）古希腊、古罗马时期的地图

西方古代地图的发展，较明显的是在埃及尼罗河沿岸开始有了农业的时候。为了重新确定被河水淹没的土地，需要进行丈量，于是产生了具有数学意义的用图形表示土地轮廓和数量的地图。

到了古希腊、古罗马时期，由于手工业发达，又开始了海上贸易和战争，需

要绘制大范围的高精度地图，于是测量经纬度、研究地图投影、编制小比例尺海图和世界图就有了必要。

图 1.1　巴比伦泥板世界地图

古希腊人对地球的形状做了假设——一个有周长、有经纬网的球体或椭球体。他们以数为出发点，理论上描述了一个"数字地球"。这为之后的航海家环球航行给出了一个非常重要的启示。

古罗马人从经验主义和实用主义的角度出发，绘制了罗马时代的世界地图——普丁格地图（见图 1.2）。普丁格地图是一幅由 11 块羊皮组成的卷轴彩绘地图，长 700 厘米，宽 32 厘米。西方学者以字母 O～XI 对这幅地图进行了地理区域划分，其中的第 O 部分记录了罗马舰队冲出地中海、跨越多佛海峡、登上大不列颠岛的内容。

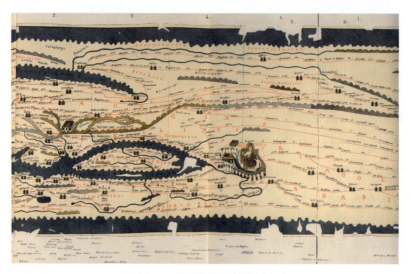

图 1.2　普丁格地图（局部）

海图的前身就是航海日志，是记载着海岸线、港口、陆地标志物、距离等具体信息的航行指导。公元前500多年，希腊富商赫卡泰奥斯（公元前550年—公元前476年）根据自己丰富的旅行经历，以航海日志的形式发表了共有两卷的著作《周游世界》。赫卡泰奥斯的《周游世界》以站在船上眺望陆地的视角进行记录，在海上全景化地记述了陆地上的各种状况。作为《周游世界》插图的赫卡泰奥斯世界地图，只保留下一些碎片。现在的赫卡泰奥斯世界地图是后世的人们将这些碎片收集起来重新拼接而成的（见图1.3）。

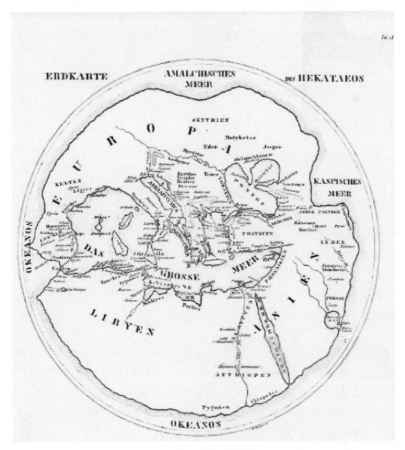

图1.3 赫卡泰奥斯世界地图

历史学家希罗多德（约公元前485年—公元前420年）著有《历史》一书，它是西方文学史上第一部完整流传下来的散文作品，希罗多德也因此被尊称为历史之父。希罗多德还描绘过一幅东至印度河、西至摩洛哥的世界地图，并将包围陆地的海洋分为西边的亚特兰蒂斯海、南海以及东边的厄立特里亚海。希罗多德根据自己的旅行见闻和商业信息，结合地理知识与海图等描绘了这幅地图（见图 1.4）。

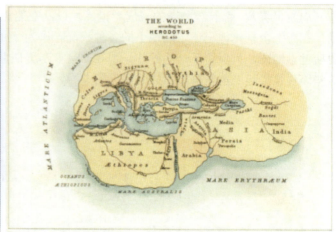

图 1.4　希罗多德及其描绘的世界地图

埃拉托斯特尼（公元前 276 年—公元前 194 年或 195 年）曾负责掌管亚历山大图书馆，是希腊化时代最博学的学者之一。他首次计算了地球的周长（与今日的测量结果很接近），测算了地轴倾角，开创了地图投影技术（将球形的地球坐标转换为二维平面坐标的方法），提出了经纬线的概念，并按照纬度将地球分为 5 个气候区，在其他领域也多有建树。图 1.5 所示为 19 世纪的学者还原的埃拉托斯特尼地图，这幅地图可能是首幅使用科学投影手段，以经纬线为基准绘制的世界地图。

西方地图史上的代表人物是希腊的托勒密（约公元 90 年—公元 168 年）。托勒密是最先使用简单圆锥投影绘制世界地图的人，虽然他错误地否认希腊人关于陆地呈被海洋包围的岛屿状的观点，认为陆地面积大于海洋面积，但其地图作品仍然具有划时代意义。托勒密最大的成就是，他创作了古希腊地理学的集大成之作——《地理学》。这是一本具有划时代意义的著作，论述了地球形状、大小、经纬度的测定方法，选定经过大西洋中费罗岛的子午线为本初子午线，采用相同间隔的经线和纬线以俯瞰视角描绘出了西起摩洛哥、东至中国的广阔区域，并且一直沿用至 1884 年。可以说，这是世界上第一幅以俯瞰视角创作的世界地图（见图 1.6），该地图出自托勒密的《地理学指南》，在这本书中，托勒密完善了埃拉托斯特尼提出的经纬度和科学投影方法，开创了近代绘图学的先河。托勒密是古典时代最著名的天文学家与地理学家，他所完善的地心说统治了中世纪学者们的宇宙观。

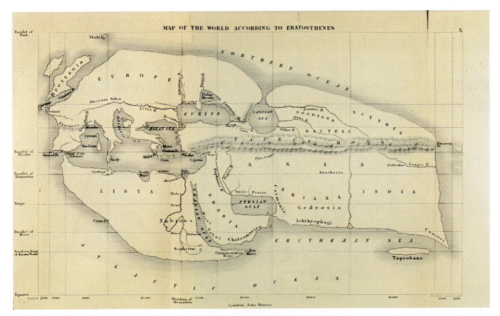

图1.5　19世纪的学者还原的埃拉托斯特尼地图

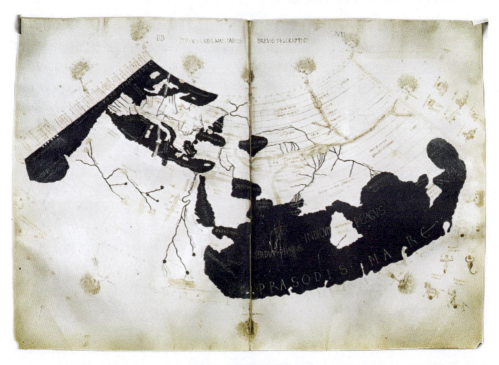

图1.6　托勒密世界地图

托勒密世界地图被后来的欧洲人视为绝对标准,在世界各地开辟"海上航线"时发挥了无可替代的作用。现存的托勒密世界地图是 15 世纪文艺复兴时期重新修复的版本,收藏于意大利那不勒斯国家图书馆。这幅描绘全体人居区的世界地图实际上只是地图册的一部分,整个地图册中还包括 10 幅其他欧洲地图、4 幅非洲地图和 12 幅亚细亚地图(见图 1.7)。

图 1.7　托勒密和现存的托勒密世界地图

(三)中世纪时期的西方海图

从 4 世纪到 13 世纪约 1000 年的时间里,西方处于宗教统治之下,神学代替了科学,是历史上的黑暗时代。地图成果遭到摒弃,完全被宗教观代替,地图蜕变为寰宇图,成为宗教的御用品,地球球形的概念代之以四边形或圆盘形。拜占庭人科斯马斯(公元 6 世纪)所著的《基督教地形学》一书认为:世界是一个高平的矩形海岛,其长为宽的 2 倍,且被矩形海洋包围;海洋深入陆地,形成罗马海、波斯湾、黑海和阿拉伯海;在海洋彼岸的东方有一个在洪水后形成的极乐世界,从极乐世界流出 4 条神河——尼罗河、底格里斯河、幼发拉底河和恒河;在地球上衬有穹隆状的透明天空,可以看见下层天空、太阳、月球和恒星等的运动;人们看到的天空中星球的移动并非地球旋转,而由星球自身的运动引起等。

流传很广的是 T-O 地图(见图 1.8)。T-O 地图是一类地图的统称,基督教学者圣依西多禄在其著作《自然世界》中首次描绘了这种地图,地图以耶路撒冷为中心,将世界分为欧洲、亚洲、非洲三部分,看上去就像是在圆形的 O 中套了一个 T 形,是一种非常程式化的地图。圣依西多禄指出地球是"圆形"的,但其描述非常含糊,并未明确区分地球究竟是一个圆球还是一个圆盘。

圣依西多禄之后,基督教学者们又发展出了 T-O 地图的变体,譬如圣瑟维修道院的 Beatus 地图(见图 1.9),它在 T-O 地图的三个大陆之外又增加了一个未知大陆。

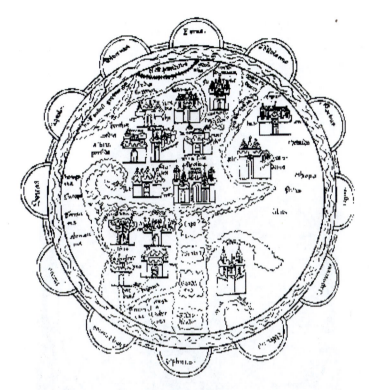

图1.8 T-O地图

图1.9 圣瑟维修道院的Beatus地图

赫里福德地图是中世纪 T-O 地图的集大成者（见图 1.10），它高 155 厘米，宽 133 厘米，绘制于 1290 年左右，是现存中世纪地图中尺幅最大、细节最丰富的一幅地图，现被收藏于英国赫里福德大教堂中。

图 1.10　赫里福德地图

除了以上地图，T-O 地图也有各种艺术化的变体，如 1581 年印发于德国汉诺威的班廷三叶草地图（见图 1.11）。这幅地图以三叶草的形状绘制了整个世界，既象征着基督教的三位一体，又象征着孕育这幅地图的汉诺威城，陆地外的大洋则填充以传说中的海怪。

公元 13 世纪，地中海沿岸国家的航海业逐渐发达。随着当地人民航海经验和资料的积累，以及航海业的进一步发展，出现了著名的"波特兰海图"。这种海图以表示海洋为主，但海岸也表示得很详细，海域中表示了岛、礁、滩等地貌，还突出表示了航海用的罗盘方位线。在波特兰海图的影响下，与传统海图制作方法完全不同的海图诞生了。波特兰海图是为了在实际航海中准确应用而制作出来的。受天文学影响的俯瞰视角的地图，转变为站在海洋的角度实际应用的地图。

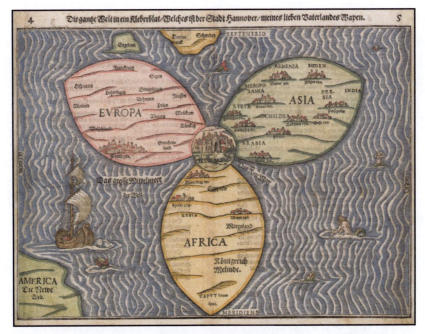

图 1.11 班廷三叶草地图

现存的第一幅波特兰海图是绘制于 1275 年至 1300 年间的比萨海图（见图 1.12），海图绘制在山羊皮上，描绘了地中海、黑海和大西洋沿岸，海图朝向与现代地图的朝向相同，但与当时大部分地图的朝向相反。利用波特兰海图进行的引航和航路指南被称为**罗经航海**。

图 1.12 比萨海图

因为指南针的使用,波特兰海图的中心方位总是磁针所指的"北方",这与以"东方"为中心方位的"地图·世界"完全不同。可以说,新地图的流行也意味着人们世界观的转变。这些装饰精美的如同艺术品的波特兰海图,因为多数制作于马略卡岛和巴塞罗那,所以又称加泰罗尼亚派的波特兰海图。

1375 年,马略卡岛的制图师亚伯拉罕·克里克斯绘制的《加泰罗尼亚地图集》(见图 1.13),努力摆脱了旧的制图观念,广泛运用了当代地理知识,在风格上集中体现了马略卡地图学派的特征,是那个时代独一无二的存在。标准与豪华波特兰海图的相继出现,说明人类的兴趣已从宗教世界转变为大海对面的现实世界。自此,人类世界就产生出了以欧洲为中心的世界观,随着经济活动的不断拓展,整个世界的海洋都进入了人类的视野。

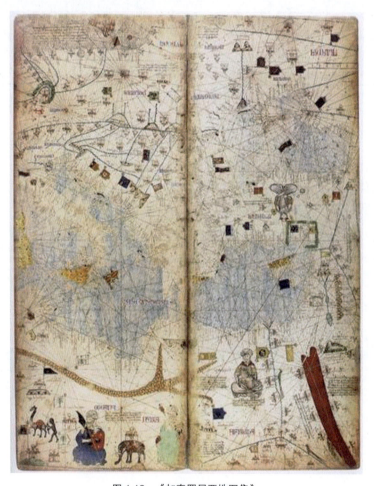

图 1.13 《加泰罗尼亚地图集》

巴蒂斯塔·阿格尼斯于 1550 年复制的八方位风向图（见图 1.14），表示了黑海八位风神在其所在方向上强劲地吹着风，每位风神都有个传统的名称：北风（屈拉蒙塔那风，从阿尔卑斯山和西地中海向南或西南狂吹的干冷北风）、东北风（格雷科风）、东风（累范特风）、东南风、南风、西南风、西风（波南脱风，地中海的一种西风）、西北风。

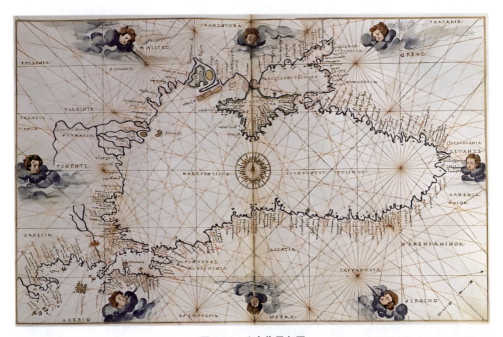

图 1.14　八方位风向图

波特兰海图在海图发展史上具有特别重要的意义。第一，波特兰海图产生于中世纪科学的黑暗时代，为航海大发展和地理大发现准备了条件，且因此对文艺复兴、科学进步和资本主义大发展起了促进作用；第二，葡萄牙地图学家科蒂绍在其著作《葡萄牙地图学史》中指出："地图学的复兴，是同 13 世纪为了满足航海者的需要而产生的波特兰海图一起开始的。"也就是说，波特兰海图的产生和发展，开创了中世纪后期整个地图学复兴的道路；第三，波特兰海图以其鲜明的特征，从地图中分离出来，形成了地图的一个重要的、独立的分支——海图。

（四）文艺复兴时期的西方海图

15 世纪至 16 世纪的文艺复兴运动促进了资本主义经济的发展，迫切要求向海外寻找市场和原料产地，发展贸易。罗盘、测星盘的改进，以及从中国引进的刻板印刷术，使海图成批复制成为可能，而波特兰海图出版的范围也从地中海、黑海沿岸扩展到大西洋或更远，海图制作的科学方法和精度又有了明显提高，这些都为大规模的航海探险奠定了基础。

于是，西欧一些有远航条件的国家积极鼓励航海家去开辟新的航路，这就使得空前的航海探险事业在 15 世纪和 16 世纪发展起来。航海探险的成就激发了殖民主义者扩张世界的兴趣，海图制作也引起了人们的重视。

1490 年左右，活跃在威尼斯的德国地图制作人亨利克斯·马提勒斯，在迪亚士归国后立刻根据他带回的信息绘制了最新的世界地图（见图 1.15）。马提勒斯的世界地图根据迪亚士的探险成果，将非洲描绘成了一个独立的大陆，将大西洋和印度洋描绘成了相连的海洋。

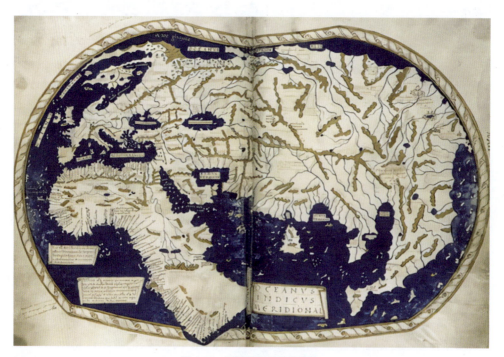

图 1.15　马提勒斯的世界地图

1492 年至 1502 年，意大利探险家、航海家、地理大发现先驱克里斯托弗·哥伦布先后横渡大西洋，到达巴哈马群岛、古巴、海地、牙买加、波多黎各诸岛及中美洲、南美洲大陆沿岸地带，开辟了横渡大西洋到美洲的航路。虽然哥伦布并非第一个到达美洲的人，但他是第一个将美洲带入欧洲人视野的人，促进了美洲和欧洲、新大陆和旧大陆的联系。此外，他还进一步完善了托勒密世界地图中关于"亚洲"部分的描述，现存于马德里海事博物馆的胡安·德拉科萨的世界地图便是最好的印证（见图1.16）。

图1.16　胡安·德拉科萨的世界地图

1513年，奥斯曼土耳其帝国的海军上将皮里雷斯根据前人的许多成果绘制了著名的皮里雷斯海图（见图1.17）。在这幅海图上，街区用黑色晕线表示，崎岖地用黑色晕点表示，海滩浅地用红色晕点表示，水中礁石用符号"＋"表示。这幅海图还表示了16世纪初发现的全部已知航线和航法，绘有大西洋沿岸及安的列斯群岛。皮里雷斯海图在当时被视为表示了所有大陆的最早海图之一。

1519年至1522年，葡萄牙探险家、航海家、殖民者斐迪南·麦哲伦率领船队完成了人类首次环球航行。地理学家兼制图家巴蒂斯塔·阿格尼斯在世界地图上绘出了麦哲伦船队环球航行的线路。他在世界地图上用蓝线描绘了麦哲伦从里斯本出发，穿过后来以其名字命名的海峡，到达摩鹿加群岛的航线，以及唯一幸存的船舶绕过好望角的返程航线。该地图全景式地展示了当时欧洲人所知的世界，特别是通过地理大发现获得的新知识。在地图上，美洲已经明确地与亚洲分开，成了一块独立的大陆，现在的加利福尼亚半岛也被正确地画成了半岛（见图1.18）。

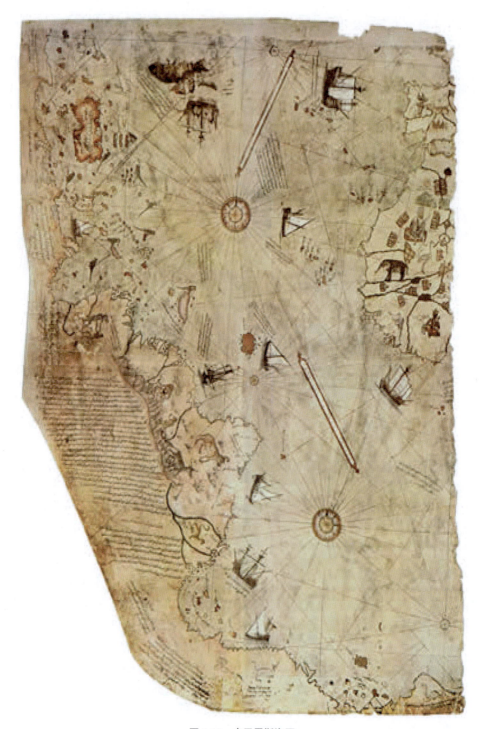

图 1.17 皮里雷斯海图

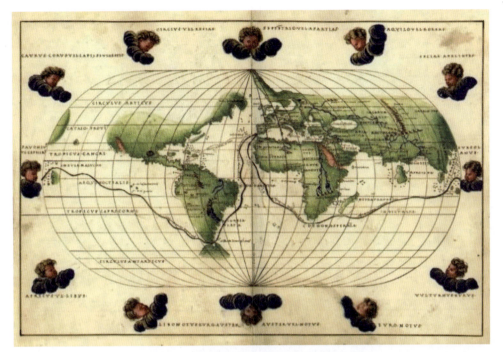

图 1.18 巴蒂斯塔·阿格尼斯的世界地图

15 世纪末至 16 世纪末，哥伦布、麦哲伦等一批航海家先后进行了频繁的航海探险，证实了地圆说，弄清了大西洋的轮廓图。他们的成就激发了殖民主义者扩张世界的兴趣，因此海图制作引起了人们的重视。制图学家瓦赫纳尔出版了两部著名的海图集：第一部海图集《航海明镜》包括西欧海岸总图及分图 22 幅，欧洲北海、波罗的海沿岸港湾图 21 幅，共两卷，分别于 1584 年和 1585 年出版；第二部海图集《航海宝库》于 1592 年出版，图中的海域表示了水深、浮标和锚地等符号，但精度不高。

这个时期海图的发展有以下三方面的特点：一是海图内容增加；二是航海范围的不断扩大，要求海图能够连续系统地表示出广阔的海域，于是出现了新的更实用的海图集；三是频繁的航海活动要求海图的精度更高以及在航海中更方便地使用，于是产生了墨卡托海图。

16 世纪最伟大的地图学家墨卡托于 1569 年编制了著名的海图——墨卡托世界地图（见图 1.19）。这是一幅由 18 幅小地图拼合而成的、宽约 1.3 米、长约 2 米的世界地图。这幅地图以大西洋为中心，对欧亚大陆的描绘准确，东亚部分基本继承了托勒密世界地图所描绘的模样。

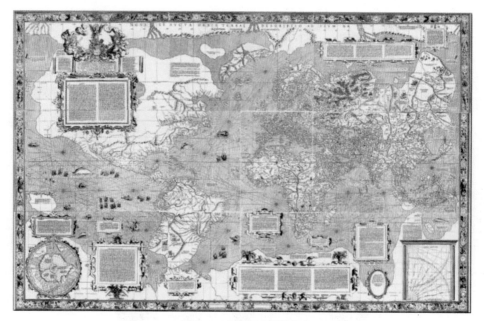

图 1.19 墨卡托世界地图

尤为重要的是,墨卡托在编制这幅地图时首次运用了等角正圆柱投影。等角正圆柱投影非常适合航海要求,解决了以往海图精度不高的难题,所以后人将其命名为墨卡托投影,并将墨卡托投影海图称为墨卡托海图,现在世界各国仍然采用墨卡托投影来编制海图。墨卡托投影海图的出现,是海图学史上继波特兰海图之后的又一个里程碑。

在墨卡托海图上,纬线所投影的平行圈准确间隔的规律,是由英国学者埃德华·赖特发现的。他大约在 1593 年编制出了墨卡托海图中简单矩形经纬网的"渐长纬度表",并在其 1599 年出版的《航海的某些误差》一书中首次用数学原理做了实质性的解释。至此,墨卡托投影海图在实践和理论上的创立才最终完成。

二、我国古代海图发展史

航海是人们认识海洋的重要活动,而海图是在人们对海洋的不断认识中产生的。我国航海事业源远流长,早在石器时代就已开始建造船舶及进行海上活动。据历史记载,在伏羲时代就创立了先天八卦符号以及"河图""洛书",可以说是最早期的海图要素符号。大禹治水、定九州、铸九鼎,三过家门而不入,成功治理水患,其中据说依靠的就是"河伯献图",其中应该包含了一些海图要素符号。

最初的海图始终介于图像描绘和山水画之间，随着社会经济文化的发展和需求，海图也逐渐发展演变，能够指导航海的海图却是明代后才有的专题海图。

（一）秦汉时期的中国地图

秦、汉统一的社会政治条件为商旅和交通的发展铺设了宽阔的大陆，也为地图学的发展创造了良好的条件。秦朝虽然只存在15年，但在统一的政治形势下，在频繁的军事活动中，需要地理知识，更需要地图。因此，秦朝有各种地图。史书记载，秦朝末年，刘邦入咸阳，萧何深知地图的宝贵，于是"独先入，收秦丞相御史律令图书藏之"。后来，刘邦"具知天下厄塞，户口多少，强弱处，民众疾苦者，以何得秦图书也"。《汉志》中曾两次提到"秦地图"，这种地图可能是秦朝的全国性地图，因为其上标有琅琊郡、代郡这两个相距颇远的地名。1986年，甘肃省天水放马滩秦墓出土的木板地图便是秦代的军事地图。放马滩5号汉墓还出土了西汉（公元前205年—公元8年）纸质地图，它是迄今为止我国发现的最早的一幅实物地图，也是目前世界上最早的纸质地图，纸面平整光滑、结构紧密，表面有细纤维渣，原料为大麻，是西汉早期麻纸，图上用墨线绘有山川道路。

到了西汉时期，国家统一，农业、水利和工商业进一步发展，加上军事扩张，地图测绘繁荣。当时已有简单的测量工具和测算学，可以测定"高、远、深、宽"，绘制了不少地图，这在史书上都有记载，但无实物保存。1973年12月，在湖南长沙马王堆三号汉墓发现了2100多年前绘在帛上的三幅彩色地图，分别为地形图、驻军图和城邑图。

长沙国南部地形图经复原后，为长、宽各96厘米的正方形，用拼接的双幅帛绘制，所绘范围为今湖南省南部的潇水流域及邻近地区，比例尺约在1∶17万和1∶19万之间。主区部分画得相当精确，一些水道的曲折流向大体上都接近于今图，图上有统一的图例，注记也有一定的位置。水系比较详细，主流、支流区分明显，按流水方向用线划符号由细到粗表示，生动自然；用封闭曲线描绘地形山体及走向；居民地按行政单位以不同符号表示县、乡、里三级；道路用实线与虚线表示出不同的等级。总之，地图上的内容十分丰富，表示方法与绘图工艺水平都较高。

驻军图经复原后，为长98厘米、宽78厘米的长方形，用黑、红、田青三色在拼幅的帛上绘制，图上表示有河流、山脉、驻军营地和防区界线等要素。所绘范围为地形图上的东南部一隅，即今湖南省最南面江华瑶族自治县的沱江流域，比例尺约在1∶8万和1∶10万之间。居民点用黑色圆圈表示，山脉用黑色"山"字形符号表示，河流用青色表示，道路用朱红色表示。这些地理要素均用浅色表示在第二层平面上，且定位精确。在第一层平面上，用深色突出表示军事部署：

红色三角形城堡表示大本营,红黑两种套框表示九支军队的驻地、指挥点和关卡,红色线条区分防区的界线。驻军图也是世界上发现的最早军用地图,该地图在国内外的地图发展史上享有很高的声誉,是研究古代地图发展极为宝贵的实物资料。

(二)魏晋南北朝时期的中国地图

中国古代著名地图学家裴秀(见图1.20)总结了前人的制图经验,创造了著名的"制图六体"。在《晋书·裴秀传》中记有"制图之体有六焉:一曰分率,所以辨广轮之度也;二曰准望,所以正彼此之体也;三曰道里,所以定所由之数也;四曰高下,五曰方邪,六曰迂直,此三者各因地而制宜,所以校夷险之异也。有图象而无分率,则无审远近之差;有分率而无准望,虽得之于一隅,必失之于他方;有准望而无道里,则施之于山海隔绝之地,不能以相通;有道里而无高下、方邪、迂直之校,则径路之数必与远近之实相违,失准望之正矣。故以此六者,参而考之,然远近之实,定于分率;彼此之实,定于道里;度数之实,定于高下、方邪、迂直之算。故虽有峻山矩海之隔,绝域殊方之迥,登降诡曲之因,皆可得举而定者。准望之法既正,则曲直远近,无所隐其形也。"

这里的第一项分率即比例尺,它是用来辨别地域面积大小的准则;第二项准望,是用来订正彼此间方位关系的准则;第三项道里,是用来计算交通路线及其里程的;第四、五、六项高下、方邪、迂直是指随着不同的地形情况,道路有上山岗、下平野、垂直、斜行、曲折的区别。这六个方面是相互联系、相互制约的,据此可以绘出比较精确的地图。裴秀的制图六体奠定了中国古代制图的理论基础,他提出的计里画方方法,影响了我国1400年间(从西晋至明末)绘制地图的格局。

图1.20 裴秀

裴秀根据计里画方的原理,将一幅用缣八十匹绘成的巨大"天下大图",缩制成以一分为十里、一寸为百里(1∶180万)的一幅"地形方丈图";他还在门客的协助下,通过考订历史上疆域的变迁和地名的更易,并参照当时的行政区划和水陆交通线,绘成了《禹贡地域图》。

《禹贡地域图》描绘了从上古到西晋的区划、历史事件,以及山川、交通路线等。在绘制过程中,裴秀提出的"制图六体"(包括分率-比例尺、准望-地貌相互关系、道里-距离、高下-相对高程、方邪-坡度、迂直-坡度与直线距离的换算),成为此后千年间中国地图绘制的理论基础。《禹贡地域图》是世界上见于文字记载的最古老的历史地图集,今已失传,从后世的"禹贡九州山川之图"中,我们大概可以窥见当时中国版的"天下"地图。

(三)唐宋元时期的中国地图

唐代的地图制作,由贾耽集其大成。贾耽(见图 1.21)是一位对地图发展有卓越贡献的人,他曾任鸿胪卿,与域外使者多有接触,了解边疆四夷的地理情况。贾耽的代表作是于公元 801 年完成的"海内华夷图",该图流传了五百年之久。该图在绘图方法上,师承裴秀的制图六体,同样以一寸折成百里,但因其包括域外的地理,因而幅度"广三丈,纵三尺",比裴秀的"地形方丈图"大得多。贾耽还把一些地理名称古今并注,"古郡国题以墨,今州县题以朱",以黑红两色分别标注古今地名。这一古今对照的创举一直为后世的历史沿革图所遵循。

图 1.21 贾耽

"海内华夷图"原图已散佚,现存伪齐阜昌七年(1136 年)以此为蓝本,精简了海外国家的石刻版"华夷图"。

"禹迹图"是中国现存的带有方格网"计里画方"的最古老地图,南宋绍兴六年(1136 年)刻石。地图以网格的形式绘出,图上有横 70、竖 73 共计 5110 个方格,每方折百里。图上着重表示海岸线等水系要素,有黄河、长江、珠江及其支流形状,洞庭湖、鄱阳湖、太湖、洪泽湖等大湖的位置,以及海岸线的轮廓,保留了唐代的地名注记,海岸线与现代海图上的大体一致。

元代地图学家朱思本（见图 1.22）曾于公元 1311 年至 1320 年完成了长宽各 7 尺的全国《舆地图》两卷。他以计里画方之法绘制各地分图，然后汇编成全国地图，内容丰富翔实，宁缺勿滥，制图非常严谨，是贾耽以后的重要制图作品，曾被多次摹绘，流传至明代，后经罗洪先（1504—1564 年）增补修编成《广舆图》，又以"画方易编简"的道里将大幅分成小幅，制成了我国最早的综合性地图集。

图 1.22　朱思本

总之，裴秀以后千余年间，由于不同历史时期的社会需要，地图曾被广泛应用于土地管理、外交活动和军事斗争等各个方面，尤其是唐、宋两代，官府的制图事业曾盛极一时，裴秀的"制图六体"同时也得到了广泛应用与发展。

（四）明清时期的地图与海图

明代地图发展的重要标志是罗洪先的大型地图集《广舆图》、陈组绶的《皇明职方地图》和郑和下西洋绘制的海图。

罗洪先以朱思本的《舆地图》为蓝本，订正增广，花了十年工夫，编修成《广舆图》一册，共 113 幅，是前所未有的一部大型地图集。《广舆图》绘画严谨，刻镌精细，首次采用了 24 种地图符号，很多符号已走向抽象化，在我国地图制图学史上是一个重要的进步。

陈组绶的《皇明职方地图》，是以《广舆图》为蓝本编绘，结合历史发展，对明朝万历以来的地名沿革进行更新与修改而完成的全新大明舆图，是明末中国传统地图册之集大成者。《皇明职方地图》内容丰富，品质很高，三卷图集以国防为主旨，上卷为政区图，中卷为边镇地图，下卷为川海图及域外地图，共 52 幅。各图均采用计里画方绘制，且都有附表及说明。

如今在学界之所以从世界史的角度关注郑和下西洋的大航海史实，原因之一是，与伊斯兰教徒的海图相结合的这幅托勒密世界地图首次对舰队的海图产生巨大影响。收录于《武备志》中的郑和航海图（局部），上半部分是印度和西亚，下半部分是非洲和阿拉伯半岛，其中对使用指南针的中国传统航海法的海域和使用伊斯兰世界天文航海法的海域采用完全不同的绘图方法进行绘制，并且将两者完美地结合在了一起。

郑和舰队的海图本来是书卷的形式，后来被剪切成40页收录于《武备志》中，其中18页是长江下游及中国沿岸，14页是东南亚海域和马六甲海峡，8页是印度洋海域。从中国沿岸到东南亚的海图是以中国传统绘画形式描绘的。印度洋海域则是对应伊斯兰世界的天文航海法以托勒密世界地图为基础描绘的海图。

《坤舆万国全图》是中国第一幅带有完整经纬线的世界地图。1584年，意大利耶稣会传教士利玛窦到达广东肇庆，为了吸引中国人的关注，便于传教，利玛窦编绘了这份地图。惊奇的中国人要求利玛窦将其翻译为中文，并刻板印刷。《坤舆万国全图》的前两版已散佚，目前存世最早的第三版地图由利玛窦的中国好友李之藻协助制作，其中加入了一些新的地理发现成果。这是中国首幅描绘欧洲航海大发现且标识美洲的世界地图。利玛窦还在地图上加入了大量中文注释，反映了当时西方等国的信息，以及当时西方学者的地理知识。

《明东西洋航海图》或《塞尔登中国地图》是一幅绘于明朝万历年间的航海地图，纵158厘米，横96厘米，原为英国律师约翰·塞尔登的私人收藏，后被捐赠给牛津大学鲍得林图书馆。《明东西洋航海图》明确标有罗盘与比例尺，带有明显的西方现代制图理念。这幅地图的出现，改写了中国地图史，是首幅具有现实指导意义的中国古代航海总图。

此外，明代还广泛编写和绘制了各种军事图籍，如《九边考》《九边图论》《九边图》等。这些图籍一般都采用一图一论的形式，着重叙述兵马、粮草、地形险易等情况，类似现代的兵要地志。明朝还为抗击倭寇编制了各种《海防图》和《江防图》，它们都由明代军事理论家茅元仪收入《武备志》。

清代皇权初开，锐意进取，康熙曾聘请德国传教士汤若望、比利时传教士南怀仁编辑天文历法、铸造枪炮，聘请葡萄牙传教士徐日升讲授天文、地理、生理等专门学科。康熙听了西洋传教士上奏关于中国旧图存在的问题后，命法国传教士回国聘请熟知天文、数学、地理学并精通测绘的教士来华，用西方经纬度制图法测绘各省图籍。

《康熙皇舆全览图》是中国第一幅带有经纬网的全国地图。1708年，康熙帝下令编绘地图，之后，由耶稣会士雷孝思、白晋、杜德美，中国本土学者何国栋、索柱、白映棠、贡额、明安图以及钦天监的喇嘛楚儿沁藏布兰木占巴、理藩院主事胜住等十余人耗费十年，采用三角测量法、天文测量法等源自西方的测绘技术，绘制了这份准确度空前提升的中国地图。开始测绘地图时，准噶尔汗国尚未平定，直到乾隆时期才派遣专人补全了新疆一带的地图。从清朝中叶到民国初年，这幅地图一直都是很多关于中国地图的蓝本。

清廷由于政治和军事上的需要，于 1886 年在北京设立了"会典馆"，编纂《大清会典图》。1889 年通知各省绘制《大清会典舆图》（该图是《大清会典图》的主要内容之一），限期一年将省、府、县各图一份附以图说送到会典馆。次年成立了"画图处"专管绘图工作。1891 年又发出第二次通知，提出了编制《大清会典舆图》的技术规定，其主要内容如下：① 规定地图的方向为上北下南，左西右东；② 采用"计里画方"，每方七分二厘，比例尺省图每方折地百里，府图每方折地五十里，县图每方折地十里；③ 统一图式符号；④ 规定图说的格式；⑤ 各省要实测经纬度和地形，省图要"酌用圆锥外切之法以肖地体"。

1894 年后，各省陆续绘就进呈。这些图大多保持中国传统符号的特点，并有某些突破，如图上出现了黄土塬、黄土沟符号，采用了晕渲法表示地貌，有些省的地图上还出现了电线、电报局、灯塔等新的地物符号。这次各省地图集的编绘，标志着中国传统制图方法向近代新法制图的转变。

清末爱国思想家、地理学家魏源（1794—1857 年）等人编制了第一部世界地图集《海国图志》。《海国图志》共有地图 74 幅，图文并茂，记述了世界各国的历史和地理。《海国图志》完全不同于以往的以"计里画方"旧法绘制的地图，采用了经纬度制图新法，以穿过巴里亚利斯岛的子午线为零子午线，全图分东经 180°，西经 180°。大洲地图采用彭纳投影，分国图采用圆锥投影。澳大利亚地区则选用了适合航行的墨卡托投影。

清末杨守敬（1839—1915 年）的《历代舆地沿革险要图》集古今历史地图之大成，共有 44 个图组，分订成 34 册，详细地表示了中国历代疆界、都邑等，是中国历史上最完整的一部大型历史地图集。

第二节　近现代海图发展史

一、西方近现代海图发展史

（一）资本主义早期的海图发展

16 世纪，贸易中心开始从地中海、波罗的海转移到大西洋沿岸，首先是荷兰，然后是西欧地区，继而整个欧洲逐步走上商业繁荣、贸易发达、科学先进的时代，海图制图得到了迅速发展。

17 世纪，人们已准确绘出美洲及旧大陆各洲的轮廓图，如 1650 年荷兰人编制的日本海区海图（见图 1.23），而对太平洋的探险则一直延续到 18 世纪中期。这个时期进行了许多航海探险，世界海洋的轮廓图被比较清晰地描绘出来。

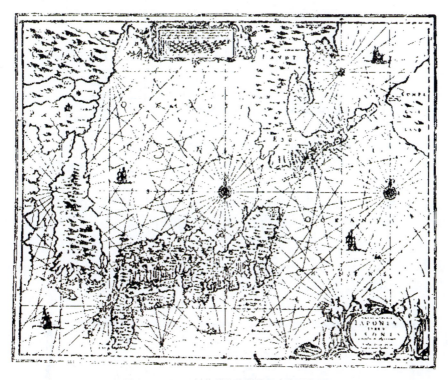

图 1.23　1650 年荷兰人编制的日本海区海图

13 世纪出现的波特兰海图，仅详细表示了海岸线和沿岸的各种航行目标与方位线；16 世纪出现的墨卡托海图，只以投影非常适合航海的要求而在数学基础上向前迈进了一大步。然而，在当时的海图上，在海域中很少表示与航海关系密切的海底地形、航行障碍物、助航标志、水文要素等内容。在 16 世纪以前的海图上，这些内容只是零星的和极不完善的。对于频繁的海上航行，并没有详细表示海域地形的海图，因此难免出现海难事故。因此，自 16 世纪以后，人们逐步设计了海域要素的符号，增加了海域表示的内容。例如，约在 1565 年编制的埃姆斯河口海图上用符号表示了导航图的浮标、立标、推荐锚地，还出现了使用全景表示法的对景图和晕影照片。此外，还出版了 16 世纪荷兰海图符号表（见图 1.24），图中有的符号是由波特兰海图发展而来的，另一些符号是新的。

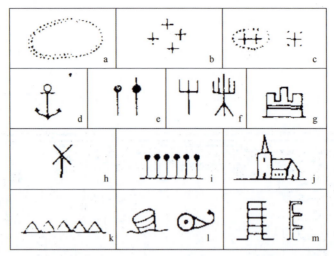

图 1.24 16 世纪荷兰海图符号表（a, 沙滩；b, 暗礁；c, 暗礁群；d, 锚地；e, 立标；f, 导标；g, 城堡；h, 风车；i, 树木；j, 教堂；k, 房屋；l, 浮标；m, 岸壁或码头）

从 17 世纪初开始，海图的精度不断提高，图内海域内容逐渐增加。例如，在现存于巴黎国家图书馆的一幅 1616 年的港湾图上，不但表示了干出滩、水深注记、航道、锚地，图廓上还有经纬度的细分（见图 1.25）。但是，从同一时期出版的港湾图（见图 1.26）中可以看出，海域的方位线等内容还没有完全脱离波特兰海图的影响。

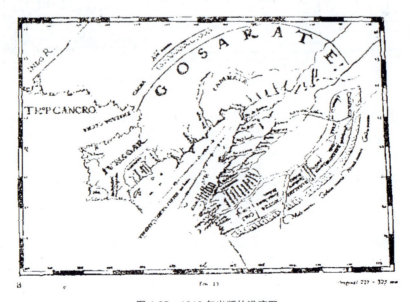

图 1.25 1616 年出版的港湾图

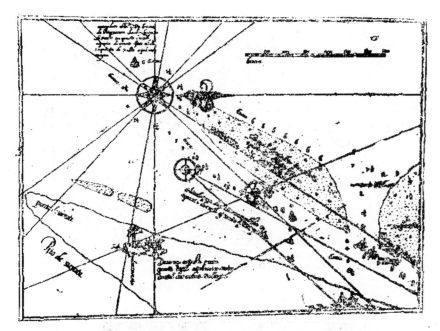

图 1.26 同一时期出版的港湾图

（二）资本主义中后期的海图发展

18 世纪初，一些海图已摆脱了波特兰海图的影响，陆地内容大大简化，海岸线、干出滩表示得比较详细，水深注记也开始增多，成为海图上表示海底地貌的主要方法。18 世纪 20 年代以后，海底地貌的表示方法，除水深注记法外，又出现了等深线法。1752 年，俄国测量学家纳加耶夫测绘了波罗的海海图（见图 1.27）。此后，他又测绘了里海及其他许多海图。从图上表示的水深注记看，测量已较完善，海图表示的内容也较详细，形成了现代海图的雏形。

从 18 世纪开始，为了保证越来越发达的航海的安全，一些发达资本主义国家相继成立了海道测量机构，开始进行系统的海道测量工作，并用系统的实测资料编制海图。1720 年 11 月 19 日，在巴黎成立了法国海道测量局的前身——海军档案部综合供应处（1886 年正式定名为法国海道测量局）。法国 1764 年出版的大比例尺直布罗陀湾平面图是当时法国海图的代表作（见图 1.28），图上岸线清晰，岬角、塔等航行目标明显，还提供一个 2 米深的锚地。

1795 年，英国海道测量部成立，不仅测绘了本国近海海域，还广泛开展了殖民地海域的海图测绘工作，如 1807 年到中国测量了海陵山港和南澳港。鸦片战争后的 20 年间，几乎测遍了中国沿海海域。

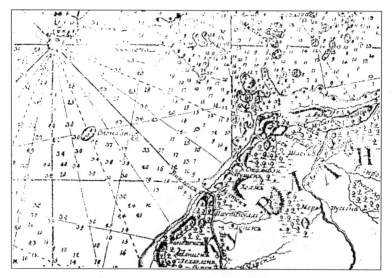

图 1.27 纳加耶夫于 1752 年编制的波罗的海海图

图 1.28 法国 1764 年出版的大比例尺直布罗陀湾平面图

19 世纪初,蒸汽机开始用在船上,大大促进了航海事业的发展,对加速海图测绘提出了更高的要求,世界主要海洋国家相继成立了海道测量机构(见表 1.1)。

表 1.1 部分国家成立海道测量机构情况

国 家	时 间	现机构名称	说 明
法国	1720 年	海道测量局	成立时称海军档案部综合供应处，1886 年改为现名
丹麦	1784 年	海道测量局	
英国	1795 年	海道测量部	
西班牙	1800 年	海道测量局	
美国	1830 年	海军海洋局	成立时称海图和仪器供应站，1866 年升格为海道测量局，1962 年改为现名
	1829 年	海道测量部	成立时称制图测量局，1867 年改为现名
俄国	1837 年	海道测量局	
日本	1871 年	水路部	成立时为水路司，1876 年改为水路局，1886 年改为现名
意大利	1872 年	海军海道测量局	1865 年海军创立中央科学部，承担海道测量任务，1872 年改名为中央海军海道测量部，1899 年改为现名
荷兰	1874 年	海道测量局	1821 年在东印度群岛成立一个委员会，负责海洋测绘，1860 年改为海道测量局，1874 年改为海军部第五司
巴西	1874 年	海道测量与导航管理局	成立时称海军部海道测量局
阿根廷	1879 年	海军海道测量部	
土耳其	1909 年	航海和海道测量部	

随着 19 世纪全球国际海运贸易的发展，海图学家对海图的表示方法做了多方面的改进。费时间的染色法不再使用，在白色海图上主要用黑色线条和符号进行三维显示，并用不同的线条表示低潮线和等深线。发表在《海军科学研究手册》中的"海图清绘图解"，从第一版到第五版，每个版本中对插图都进行了更新。在 1851 年出版的第二版中，出现了"潮流玫瑰图"，它用带羽毛的箭头和简单的箭头分别表示满月和新月时，高潮和平潮前后各小时涨潮流与落潮流的方向，箭头上的黑球表示小时数，速度则用"节"注记。1840 年，法国的海图开始采用米制，此后欧洲大陆各国陆续将英寻改为米来表示海图上的高程和深度，这是海图制图史上的又一次重要变化。

在世界海图的系统生产中，美国首先制定了正规的海图图式，这大概是它有两个海道测量机构的缘故。美国海军海洋局于 1840 年出版了一幅图式符号标准参考图。该局局长哈斯勒早在 1811—1815 年就已派人到欧洲考察，因此这种图式中引用了许多欧洲海图上的符号。在这种图式中，出现了象形的沉船符号。

在回声测深方法出现以前，测深多用杆测、锤测等方法，这些方法的速度慢、精度低。从 1820 年前后法国物理学家在马赛附近测得海水中的平均声速为 1500 米/秒开始，经过近百年间几代科学家的探索、实验，回声测深方法逐渐取得进展，并应用于海洋测深实际作业中。回声测深仪的出现和发展，对海洋测深资料的获取和积累、海图内容的增加产生了重大影响。这是海道测量历史上的一次重大革命，也是海图发展史上的又一个里程碑。

（三）现代资本主义时期的海图发展

1921年6月21日，国际海道测量局在英国伦敦正式成立，当时有成员国19个。国际海道测量局的总部地点选在摩纳哥。1967年，第9次国际海道测量大会制定了政府间《国际海道测量组织公约》，1970年9月22日经联合国注册正式生效。此后，国际海道测量局就成为国际海道测量组织的总部机构，负责日常工作，同时也是世界海洋测绘的资料中心。

在1967年召开的第9届国际海道测量大会上，法国和荷兰正式提出了编制国际通用海图（国际海图）的设想，以便让国际海道测量局的所有成员国根据这套图复制出在全世界航行所需的全部海图。1972年前，设计了83幅比例尺为1∶1000万的海洋总图和比例尺为1∶350万的远洋航行图，并由17个成员国任"编制国"进行编辑，20世纪80年代初即全部完成，且其中绝大多数已被"翻印国"采用。1972年召开的第10届国际海道测量大会决定研究大中比例尺国际海图的编制问题。1977年召开的第11届国际海道测量大会决定成立一个"海图规范委员会"，将研究范围从北海扩大至全世界海域。新的国际海图规范已由1982年召开的第12届大会批准。大中比例尺国际海图工程浩大，现正由各成员国分工编辑。

国际海图的出版为海图的国际标准化奠定了基础，对世界各国的海图编制工作和世界航海事业提供的便利是不可估量的，也是现代海图发展成熟的标志之一。

二、中国近现代海图发展史

（一）近代中国的海图发展

1. 晚清时期的中国海图

自19世纪以来，西方资本主义国家向海外扩张，侵犯我国主权，在我国沿海进行海道测量并编绘出版了大量海图。从现存英版海图的布局可以看到，约在1840—1850年测绘了珠江口至长江口的海图，约在1850—1860年测绘了胶州湾至鸭绿江口的海图。19世纪末期，除江苏北部海区和部分未开发的港湾外，中国海区的英版海图基本配套，其中包括小比例尺的海区总图、中比例尺的航行图和大比例尺的港湾图，以及主要江河的航道图等。

19世纪后期，我国编制的一些航海航道图集相继问世，如19世纪70年代编制的《长江计里全图》、19世纪80年代编制的《八省沿海全图》和1897—1902年编制的《御览江浙闽沿海图》。这些航海航道图集以英版海图为基础资料，经翻译修订，并补充一些陆部（陆地部分）的地理资料和海部（海洋部分）的检测资料综合编制而成。

19世纪后期至20世纪初期，当时的海关和交通水利部门如海关海务处、上海浚浦局、长江巡江事务局、浙江水利委员会等也测绘出版了一些海图、航道图和湖泊图。

2. 民国时期的中国海图

1919年，中国政府参加了在伦敦召开的国际海道测量会议；1921年，国际海道测量局成立，中国是国际海道测量局的创建国之一，10月中国成立海道测量局，在北京海军部内附设办公机关；1922年2月正式建局于上海，1922年冬海道测量局测量了南京至鸡头山段的长江航道，并于1923年出版了我国第一幅实测海图，图号为150，图名为"南京至鸡头山"，比例尺为1∶2.5万，印刷机构为上海商务印书馆。1922—1929年间共测绘海图31幅。1930年，我国海道测量局取消了英国人控制的海关的海图销售权，1931年正式接管原由海关负责的江苏江阴至长江口段航道测量业务，1930—1937年又测绘了28幅海图。

1937年卢沟桥事变爆发后，海道测量局于1938年1月裁撤，人员被遣散，测量船舶均被炸毁，海图的测绘工作处于停顿状态。当时日本帝国主义侵占的我国沦陷区的海道测量工作开始由日本侵华海军上海航路部控制。此后，汪伪国民政府于1936年6月组建绥靖部水路局（1940年改为海军部水路测量局），曾复测长江下游，共测绘出版海图36幅，其中35幅是长江航道图。1946年恢复海道测量局，仅有旧测量船5艘，测绘人员20人。除了测绘少量新图（如汉口港图），只重印了一些海图。

自1922年正式成立海道测量局至1949年的27年间，共出版海图100余幅（包括江河航道图），其中实测60余幅。

（二）新中国时期的海图发展

1949年，中华人民共和国国巍然屹立于世界东方。海图的发展像各行各业一样，焕发出勃勃生机。海图工作者在继承我国优秀海图文化的基础上，认真借鉴国外的先进制图技术，经过几代人的不懈努力，完成了从手工模拟制图到数字化成图的转变，使海图事业从小到大、从弱到强，对海洋军事、海洋经济、海洋政治、海洋文化的建设发展发挥了重要的保障作用。

1. 第一代海图（1950—1960年）

中华人民共和国成立后，为适应当时的军事和航海需求，在1949—1950年翻印了一套我国沿海的外版海图129幅。这些翻印的海图都是单色印刷的，为中华人民共和国的发展建设发挥了重要作用。20世纪50年代，主要用外版海图作为基本资料，补充新的水深数据，编制出版了我国第一代海图。海图表示内容海陆并重，两色或三色印刷，分军用和民用两种。这一时期的海图并未形成统一的规范和标准，但总体质量尚好。同时，与海图配套使用的航海书表也陆续开始出版。

2. 第二代海图（1960—1982年）

20世纪60年代，在系统学习和借鉴苏联海图制图经验的基础上，以我国系统海洋测量成果为主，采用1954年北京坐标系和理论深度基准面等基准开始编制第二代海图，分为军用和民用两种。20世纪70年代增加了国外海区和外轮用图。第二代海图的制图精度和表示内容较第一代海图有了很大改善，但前期海图上的内容和色彩过多，影响了海图的易读性。

后来，随着相关海图图式和编绘规范的颁布，载负量逐渐合理，海图内容以海部为主，在突出航海要素的同时，兼顾其他用途需求。一般用四色印刷，逐渐形成了我国海图的独特风格。配套的航海书表的品种和内容也逐渐增多。

这段时间制作的海图，包括第一代海图，编制工艺都采用绘图法。绘图法的主要过程是，首先将编绘原图通过照相制成裱版的依照比例尺缩小后的蓝图，然后按照规范和图式规定的标准线划、符号进行着墨描绘，再后按照规定的字体、字级和位置进行注记的剪贴，达到制版印刷的要求。

3. 第三代海图（1983—1998年）

20世纪80年代初，我国根据国外海图标准化发展趋势，在借鉴国际海道测量组织有关国际海图标准的基础上，修订了我国海图编制的国家标准，并以此为依据开始生产第三代海图。第三代海图强调专图专用，内容突出了航海要素，载负量较上一代有所减小，并将军用、民用海图合并为一套统一的军民合用海图，并努力增加专用海图的品种。配套的航海书表的品种和内容也更丰富。在符号、用色和图面配置上，第三代海图与世界海洋大国的海图风格基本一致，标志着我国海图向标准化、国际化方向迈出了重要一步。

第三代海图的制图工艺由原先的手工绘图改为刻图。方法是在涂有刻图膜层的透明片基上用刻图工具刻透线划、符号等要素处的膜层，建立具有透光性能的正阴像图形。制图工具由原来的"描、涂"类改为"刮、刻"类,其优点是:技术容易掌握,线划精细、标准,省去了照相翻版等工序,降低了成本,缩短了成图周期。这种方法被持续采用,直到后来将计算机技术引入海图制图领域。

4. 第四代海图(1998—)

20世纪90年代末期,计算机制图技术逐渐成熟并应用于海图编制,海图有了更加完备的国家、军队标准,以此为依据,开始编制第四代海图。第四代海图形成了比较成熟的模式,且基本实现了与国际海图的接轨。配套的航海书表也体系完整、内容翔实,还编制了一部分海图集作品。

制图工艺也发展为计算机辅助制图——以计算机为核心,并与图形输入设备和输出设备相连,用数学模型作为科学语言的一种新型制图方法。目前,世界上海图制图先进的国家也都采用计算机制图法。在计算机制图技术的帮助下,海图的品种越来越多,海图形式也由单一的纸质海图发展为纸质、数字、电子海图三种形式。在产品和生产技术两方面,实现了数字化,缩短了成图周期,提高了现势性,海图的印刷质量也有了较大的提高。

目前,我国除继续开展计算机制图和电子海图的研制工作外,还开展了海洋遥感制图、地理信息系统、数据库与数据挖掘等现代制图技术在海图制图中的应用研究,以及基于多源数据和一体化生产平台的海图书生产与服务新体系的研发与试用。海图的保障方式也由最初的港口保障向远程保障、按需印刷转变。

这些新技术和新理论的研究与应用,大大地促进了我国海图在军事、经济和科学研究等方面的应用,同时促进了海图本身的现代化进程。在这个时代,海图已不再用作背景,而与应用系统直接、真正地融为一体,为人们提供科学的决策支持服务,海图制图与服务已呈现出集数字化、标准化、多样化于一体的态势。

第三节　海图与海洋命运共同体

海洋是地球上最广阔、最神秘的领域之一,覆盖着地球表面积的71%,拥有丰富的资源和多样的生态系统。作为世界各国重要的交通要道和经济来源,海洋的命运关乎着全人类的福祉。海图与海洋命运共同体是相辅相成、不可分割的。只有通过科技的发展和保护意识的提高,我们才能共同参与、共同关爱海洋,实现海洋的可持续发展与保护。

一、海图的今生现状与发展趋势

作为一种重要的海洋工具，海图在构建海洋命运共同体时起极其重要的作用。海图不仅是船舶导航的基础，而且是海洋资源开发与保护的依托。海图，记录着海洋的地理信息、水深、助航设备等重要数据，为海上航行提供了准确的参考和保障。在没有现代电子导航设备的时代，海图是航海者探索未知领域的基石。随着现代科技的快速发展，电子导航设备的普及和使用，海图的重要性开始逐渐被人们忽视。有些地区的海图制作和更新不够及时，给航行安全带来了潜在的风险。因此，维护现代化、准确、更新及时的海图数据就显得尤为重要。

（一）当今海图的现状

当今海图的生产与研究现状主要集中在以下几个方面。

1. 空间数据采集

围绕海图的控制数据采集工作是制作和更新海图的重要环节，它涉及多个途径和技术手段，以收集海洋地理信息、水下环境信息、助碍航物信息等。常见的海图数据采集方法有海洋测量、卫星遥感、水下探测、气象观测、导航定位、共享获取等。其中，海洋测量是海图数据采集中最传统也最常用的方法之一。它主要通过船舶上的声呐测深设备进行测深，通过卫星导航定位设备进行定位。测量船通常根据特定的规划航线进行测量，以获得完整的水深信息。此外，还可使用多波束测深设备进行全覆盖、高精度的水下地形测量，以获取更详细的海底地形数据。

2. 数字海图制图

随着技术的发展，海图正逐渐向数字化方向发展。数字化海图具有实时更新、信息多样化和使用更便捷等优势。数字化海图的生产需要依靠先进的地理信息技术和海洋数据处理技术。数字海图制图技术利用计算机技术和数字化技术，对传统海图进行数字化处理和制作。数字海图制图技术的主要目的是更好地利用海图数据，提高航海安全和效率。采集的海洋数据需要经过严格的处理和分析，包括数据纠正、质量控制、数据融合等工作。数据处理的目的是提高数据的精度和可靠性。

3. 地理信息系统

地理信息系统（Geographical Information System，GIS）技术在海图的生产中发挥着重要作用。通过 GIS 技术，以海图为载体的海洋地理空间信息可被有效地组织、管理和可视化展示。此外，GIS 技术还可进行空间分析、数字高程模型和数字水深模型构建，帮助用户进行各种面向海洋环境的空间规划和应用决策。

4. 电子海图技术

电子海图的发展现状和未来趋势是一个很大的话题。目前，电子海图的应用已非常普及，包括船舶、飞机、潜艇等。未来，随着科技的不断发展，电子海图将更加智能化和精准化。

5. 多源数据集成

海图的研究致力于有效集成多源数据，包括卫星遥感数据、航测数据、海洋观测数据等。多源数据集成可以提供更全面、更准确的海图信息。

6. 三维立体海图

海图的研究也关注将海洋水域的地理和水文特征以三维立体形式进行展示。借助于先进的地理信息技术，海图可以呈现海底地形、水文特征和海洋生态的三维特征，为用户提供更准确的航海导航和资源开发信息。

7. 数据开放共享

当前，已有越来越多的国家和地区认识到了海图数据的重要性，并且开始促使海图数据的开放共享。一些国际组织、政府机构和非营利组织正在积极推动海图数据的开放政策，以促进全球航海安全和海洋资源的合理利用。

总体而言，当今海图的生产与研究正不断发展，并且应用了先进的地理信息技术和数据处理技术。多源数据集成和三维立体化是当前的研究重点。海图数据的开放共享也成为趋势，以促进国际合作和提供更好的航海服务。

（二）海图的未来发展

海图的未来发展趋势主要包括以下几个方面。

1. 智能化和自动化

随着人工智能和自动化技术的不断发展，海图将呈现智能化和自动化的趋势。未来海图可能会利用机器学习和深度学习等技术，通过对海洋数据进行分析和处理，实现自动化的海图生产和更新。同时，智能化海图将能自主规划航线、实时修正和更新，以提高航海的安全性和效率。

2. 无人船舶和自主导航

无人船舶和自主导航技术的发展将为海图的应用提供新机遇。未来的海图可能会与无人船舶和自主导航系统相结合，实现智能化的航海导航和船舶自主避碰功能，提高航行的安全性和效率。

3. 多模态数据集成

随着多种传感器和数据采集技术的发展，海图将从单一数据源的集成向多模态数据集成的方向发展。除了传统的卫星遥感和测绘船舶数据，海图可能还会融合来自海洋观测设备、潜水器、无人机等的数据，提供更全面、更准确的海洋信息。

4. 虚拟现实和增强现实技术

虚拟现实和增强现实技术的进步将为海图的可视化与交互方式带来新的变革。未来的海图可能会借助虚拟现实技术，让用户能够身临其境地感受海洋环境；同时，也可通过增强现实技术，将实时的海洋数据与真实世界融合起来，提供更直观、更具交互性的航海导航与资源开发信息。

5. 多层次、多用户定制化

未来的海图将更加注重满足不同层次、不同用户的需求。海图可能会根据用户的不同目的和使用场景，提供定制化的视图和信息。例如，航海员和渔民可能对海图的导航信息更感兴趣，而海洋科学家和资源开发者则更关注水文和地质特征。

总体而言，未来海图的发展将趋向智能化、自动化和定制化。利用新兴技术，如人工智能、自主导航、虚拟现实和增强现实等，海图将提供更全面、更准确及智能和交互性更强的海洋信息，服务于更广泛的用户群体和应用领域。

（三）海图发展需关注的方面

海图的研究和发展还需要关注以下几个方面。

1. 海图的精度和准确度是海洋命运共同体的关键需求

随着航行技术的不断发展，对于海图的精度和准确度要求越来越高。因此，海图的制作需要依赖于先进的测量技术和数据处理算法，以确保所提供的信息能够满足航行员和海洋科学家的需求。

2. 海图需要适应海洋环境的不断变化

海洋环境是动态的，非常复杂，海洋生态、水文和地貌特征都在不断地变化。因此，海图的更新和修正需要及时进行，以反映最新的海洋地理环境变化，并提供最准确的导航和资源开发信息。

3. 海图的覆盖范围需要扩大

目前，海图主要关注于航行的主要航道和港口区域，但海洋事务的发展需要更广泛的海图覆盖范围。海图应该涵盖更多的海域，以满足海洋命运共同体更广泛的需求。

4. 海图的可视化和交互性需要不断改进

海图的可视化和交互性可通过虚拟现实技术、增强现实技术和移动应用程序等实现。通过应用这些技术，海图可以实现更直观、更具交互性的展示，帮助使用者更好地理解和利用海图信息。

5. 海图的教育和培训需要加强

海图的制作和使用需要专业知识和技能。因此，各国应该加强海图的教育和培训，培养更多的海图专家和技术人才，以推动海图的研究和应用。

总而言之，海图作为海洋命运共同体建设的重要工具和技术支持，其研究和发展需要持续关注海图的精度、及时性、覆盖范围、可视化和交互性等方面的改进。通过国际合作和共享，进一步推动海图的创新与发展，为建设和谐、繁荣的海洋命运共同体做出不懈努力。

二、海洋命运共同体构建

人类社会已进入信息时代，基础地理信息作为一个国家信息网络的重要组成部分，正越来越受到人们的重视，世界各国竞相投入巨资建立能供各部门共享的空间数据基础设施。数字地球是信息高速公路和国家空间数据基础设施计划的自然延伸，其实质是利用海量地球空间数据，对地球进行数字化、网络化、智能化和可视化表征。构建数字地球，需要解决数据获取、数据处理和数据应用三大问题。海洋占地球表面积的71%，是地球空间的重要组成部分，构建数字地球必须首先构建数字海洋（陈述彭，1999）。因此，关于海洋空间信息的获取、分析处理和应用，自然就成为未来各国政府面临的重大问题。

（一）构建海洋命运共同体是构建人类命运共同体的重要组成

党的二十大报告提出，构建人类命运共同体是世界各国人民前途所在。推动构建人类命运共同体是中国式现代化的本质要求之一。海洋是构建人类命运共同体的重要领域。近年来，海上安全问题层出不穷，海洋生态环境日益严峻，海洋全球治理面临各种挑战。2019 年 4 月，习近平总书记提出海洋命运共同体理念，从全新视角阐释了人类与海洋和谐共生的关系，为全球海洋治理提供了中国方案，贡献了中国智慧。

1. 海洋是万物生命的摇篮

海洋是万物生命的摇篮，需要我们共同保护。大道之行，天下为公。海洋的和平与安宁关乎世界各国的安危和利益，各国要以团结精神应对气候变暖、海平面上升等全球性挑战，合作应对海盗、跨国犯罪、走私贩毒等领域威胁。中国愿同各国以全球安全倡议为指引，有效化解各类海洋安全威胁，共同构建持久和平、普遍安全的海洋秩序。各国要像对待生命一样关爱海洋，保护海洋生态与生物多样性。中国高度重视海洋生态文明建设，正在持续加强海洋环境污染防治，保护海洋生物多样性，并且愿在这些领域深化与各国的合作，让蓝色星球永葆澄清底色，为子孙后代留下碧海蓝天。

2. 海洋是全球资源的宝库

海洋是全球资源的宝库，需要我们共同开发。零和思维、丛林法则没有出路，早该丢进历史的垃圾箱。要尊重各国国情差异，尊重各方合理的海洋利益诉求，坚持以对话弥合分歧，以合作增进福祉。中国坚持走搁置争议、共同开发的合作之路，同海上邻国积极探讨资源共同开发，走出一条互利共赢、携手发展的亚洲合作新路。要保持海上运输和产业链的稳定畅通，通过海洋的开放融通，建设更高水平的开放型世界经济。要完整、准确、全面贯彻创新、协调、绿色、开放、共享的新发展理念，科学有序地开发利用海洋资源，推动海洋可持续发展。中国将全力落实习近平总书记提出的全球发展倡议，通过推进"21 世纪海上丝绸之路"和共建蓝色经济伙伴关系，积极搭建海洋合作平台，为世界经济复苏注入新的活力。

3. 海洋是人类生存发展的空间

海洋是人类生存发展的空间，需要我们共同管理。单边主义、霸权主义不得人心，注定以失败告终。要坚持真正的多边主义，维护以联合国为核心的国际体系，大家的事情大家商量着办。要维护以国际法为基础的海洋秩序，完整、准确、全面解释和适用《联合国海洋法公约》，维护各方依法享有的正当权益。要因地制宜推进区域海洋治理。2022年是《南海各方行为宣言》签署20周年。《宣言》作为中国和东盟国家在南海问题上达成的首份政治文件，为维护南海局势发挥了稳定器作用，也为中国—东盟关系发展营造了和平的地区环境。中国愿同东盟国家加快推进"南海行为准则"磋商进程，加快构建符合各方利益的区域治理规则，把南海真正建设成为和平之海、友谊之海、合作之海。

构建海洋命运共同体，是构建人类命运共同体的重要组成部分，是贯彻落实党的二十大精神的必然要求，昭示着海洋和平与繁荣的光明前景。海洋环境应由各国共同保护，海洋资源应由各国共同享用，海洋事务应由各国共同管理。中国愿与各国在平等、互利、相互尊重的基础上，推动构建海洋命运共同体，推动全球海洋事业发展不断开启新的篇章。

（二）构建海洋命运共同体对推动全球海洋治理的意义

海洋对人类社会生存和发展具有重要意义。海洋孕育了生命、联通了世界、促进了发展。习近平主席2019年4月集体会见应邀出席中国人民解放军海军成立70周年多国海军活动的外方代表团团长时，提出"我们人类居住的这个蓝色星球，不是被海洋分割成了各个孤岛，而是被海洋联结成了命运共同体，各国人民安危与共""集思广益、增进共识，努力为推动构建海洋命运共同体贡献智慧"。海洋命运共同体是人类命运共同体理念的重要组成部分，是人类命运共同体理念在海洋领域的延伸和适用。构建海洋命运共同体是中国针对全球海洋治理提出的中国理念、中国方案，受到国际社会的高度评价和关注，是世界百年未有之大变局下人类有效应对海洋治理挑战的必然选择，具有重大的政治意义。

1. 海洋命运共同体是对传统全球海洋治理理念的超越和发展

早在15世纪和16世纪，人类社会就开启了大航海时代，海洋前所未有地被人们所重视。伴随着人类开发利用自然活动的不断深入，人们逐渐发现，海洋不仅是国家间权力较量的场所，而且是资源的宝库，是人类赖以生存和发展的自然资源的一个重要组成部分。进入21世纪，海洋在国家经济发展格局和对外开放中的作用更加重要，在维护国家主权、安全、发展利益中的地位更加突出，在国家生态文明建设中的角色更加显著，在国际政治、经济、军事、科技竞争中的战略地位也明显上升。自1958年以来，经过两次联合国海洋法会议，通过了一系列关于公海、大陆架、领海与毗连区、公海生物资源与渔业等公约。而第三次联合国海洋法会议则是海洋法发展史上里程碑式的一次盛会，会议于1982年通过的《联合国海洋法公约》不仅修改完善了已有的海洋法制度，而且建立了群岛水域、专属经济区、国际海底等新制度，成为规范当代国际海洋关系最重要的法律文件，被誉为当今世界的"海洋宪章"。

然而，由于海洋的流动性、整体性，相关国家管辖海域政策的差异，以及近年来过度捕捞、海洋污染、生物多样性及其栖息地消失、外来物种入侵、气候变化等海洋问题日益严重，全球海洋治理正面临新的更大挑战。在这一背景下，习近平总书记以卓越的政治家和战略家的宏大视野、全球思维和大国领袖担当，高瞻远瞩地提出了构建海洋命运共同体的重要理念。海洋命运共同体，意味着人类社会同在一个地球村，各国相互依存、命运与共，越来越成为你中有我、我中有你的命运共同体。全人类、世界各国在面临全球海洋问题和挑战时具有共同价值和共同利益。构建海洋命运共同体，必须将全球海洋作为一个整体，从维护全人类的整体利益、共同价值出发寻求全球海洋治理思路、方案，完善全球海洋治理体系。海洋命运共同体理念，是对传统全球海洋治理理念的超越和发展，回答了"建设一个什么样的海洋、如何建设海洋"等关乎人类前途命运的重大课题，为解决全球海洋问题贡献了中国智慧和中国方案。

2. 海洋命运共同体理念内涵丰富，是对全球海洋治理体系的创新和发展

创造性提出了全球海洋安全治理构想。以《联合国海洋法公约》为代表的传统全球海洋治理体系不涉及海上军事活动、安全问题，而完善海上军事安全治理是全球海洋治理绕不开的重要内容之一。海洋命运共同体理念主张，海洋的和平安宁关乎世界各国安危和利益，需要共同维护、倍加珍惜；秉持共同、综合、合作、可持续的新安全观，营造平等互信、公平正义、共建共享的安全格局；相互尊重、平等相待、增进互信，加强海上对话交流，深化海军务实合作，走互利共赢的海上安全之路，携手应对各类海上共同威胁和挑战，合力维护海洋和平安宁。

推动全球海洋经济治理。海洋经济主要包括海洋渔业、航运、船舶工业、海盐业、油气业、海洋观光旅游业、可再生能源利用、海洋生物技术以及海洋新材料开发等。传统海洋产业在给人类带来福祉的同时，也对海洋生态环境造成了巨大压力，如何进行全球海洋经济治理是国际社会面临的重大课题。共建"一带一路"是经济合作倡议。中国提出共建 21 世纪海上丝绸之路倡议，就是希望促进海上互联互通和各领域务实合作，推动蓝色经济发展，推动海洋文化交融，共同增进海洋福祉。蓝色经济发展目标不仅契合全球海洋经济治理的趋势，而且符合国际社会保护和可持续利用海洋和海洋资源以促进可持续发展的目标。

坚持共商共建共享的全球海洋治理观。当前，全球海洋治理面临的问题和挑

战日益增多，既有全球、区域层面的，又有国家、地方层面的，不同层级的海洋问题涉及不同的利害相关者，国际社会因被海洋联结而成为命运共同体。因此，需要海洋问题的利益相关者共同识别海洋问题，制定政策目标，拟定规则，创新海洋治理机制。全球海洋治理是大家的事，有事多商量、有事好商量，坚持大家的事大家一起商量着办。要充分协商，听取各方意见，在综合各方建议的基础上形成全球海洋治理的共识，只有这样，海洋治理方案才能为各方接受，才能有力有效治理海洋问题，实现善治。

坚持用生态系统、可持续发展等整体方法推进全球海洋治理。海洋是连通的，各海洋区域的种种问题都是密切相关的，有必要作为一个整体来考虑全球海洋治理问题。随着人类对海洋的认识不断深入以及海洋治理经验的积累总结，国际社会探索形成了海岸带治理、生态系统治理、海洋保护区等整体治理模式，取得了一系列积极效果。实践证明，只有坚持整体治理原则，才能有效治理海洋。海洋命运共同体理念不仅包含生态系统、可持续发展、海洋生态文明建设、海洋环境污染防治、海洋生物多样性保护等政策措施和理念，还特别强调人类要像对待生命一样关爱、重视、保护海洋，实现人海和谐，为子孙后代留下一片碧海蓝天。

和平解决海洋争端。和平解决国际争端是现代国际法的一项基本原则。在构建海洋命运共同体背景下，要坚持平等协商，完善危机沟通机制，加强区域安全合作，推动涉海分歧妥善解决，反对动辄就诉诸武力或以武力相威胁。

3. 以海洋命运共同体理念为指引，积极参与全球海洋治理体系改革和建设

党的十八大以来，我国综合国力和国际地位显著提升，日益走近世界舞台中央。在构建海洋命运共同体理念的指引下，新时代中国特色大国外交积极开拓进取，勇于担当作为，积极参与全球海洋治理体系改革和建设。

积极参与联合国框架内全球海洋治理机制。为有效推进全球海洋治理，联合国先后召开了三次海洋法会议，不断完善全球海洋治理的基本法律框架。随着不断出现新的全球海洋问题，联合国环境规划署、国际海事组织、联合国粮食及农业组织等联合国专门机构主持制定了一系列涉及渔业资源养护利用、生物多样性保护、污染防治、环境保护、气候变化以及可持续发展等问题的海洋治理公约、协定，构建了制度框架，形成了全球海洋治理体系。作为联合国安理会常任理事国和最大的发展中国家，中国全面参与联合国框架内的全球海洋治理实践，积极

推动全球海洋治理体系改革和建设，不断贡献中国智慧和中国力量。同时，对不在联合国框架内而由相关国家倡议、主持的全球海洋治理议题、区域海洋治理问题，中国也积极参与，与相关国家一道致力于推进海洋治理。

积极引导国际海洋秩序变革。研究、认识海洋，必须准确把握全球海洋治理面临的挑战及对治理提出的新要求，以海洋命运共同体理念为指引，主动设置议题，善于把海洋治理变革的主张转化为各方共识，形成一致行动，共同制定治理方案，构建海洋治理体系。建设性参与国际和地区热点问题的解决进程，积极应对气候变化等全球性挑战，构建公正合理的国际海洋秩序。善意履行在全球海洋治理中承担的义务，力图以国家管辖海域治理的生动实践贡献中国方案、中国经验。

坚持利益相关者共同参与、国际合作原则。现实中，全球海洋问题和挑战，没有哪个国家能够独自应对，也没有哪个国家能够退回到自我封闭的孤岛。国际社会特别是利益相关者更需要以负责任的精神同舟共济，秉持合作精神，加强沟通协调，照顾彼此利益关切，共商规则，共建机制，共迎挑战。善于协调全球、区域和国家等层面的海洋治理协调机制，促进合作，共同致力于全球海洋治理。构建海洋命运共同体，需要构建新型国际关系，权责共担，打造利益共同体、责任共同体和命运共同体。

三、海图与海洋命运共同体关联解析

近年来，随着全球化的不断发展，海洋事务逐渐成为国际社会关注的焦点。海洋资源的可持续利用和保护已成为全球各国共同面临的挑战。在这一过程中，海图作为海洋航行的重要工具，为航海员提供了必要的航行指引和安全保障。此外，在当今社会，随着科技的发展，海图除了作为导航工具，还可在海洋资源勘探、海洋保护和海上交通管理等领域发挥更为广泛的作用。海洋命运共同体指出海洋是人类共同的家园，各国应该携手合作，共同推进海洋事务的发展。

（一）海洋命运共同体下的海图地位

在海洋命运共同体的理念下，海图的地位价值将变得尤为重要。

1. 海图可以为海洋命运共同体的建设提供必要的工具

在海洋事务中，各国需要彼此分享海洋信息，加强合作与交流。海图的制作和更新需要依赖于各国的数据和共享机制,只有通过合作,才能将各国的数据进行整合,形成更全面、准确的海图信息。

2. 海图的数字化和智能化使得信息的共享和传播更加便捷

随着科技的进步,传统的纸质海图正在被数字化海图取代。数字化海图不仅可以实现实时更新和修正,而且可以通过互联网和移动设备进行广泛应用。这为海洋命运共同体的建设提供了信息共享的平台,使得各国能够更加方便地获取和利用海图信息。

3. 海图的研究和应用也应该注重符合可持续发展的原则

海洋资源的保护和可持续利用是海洋命运共同体的重要目标之一。海图应该考虑到海洋生态系统的特点,提供关于海洋生态环境、渔业资源等的信息,帮助各国制定科学的保护和利用策略,实现海洋资源的可持续发展。

4. 海图的开放共享和国际标准化也是海洋命运共同体的重要支撑

国际社会应该加强海图数据的开放共享机制,推动海图制作的国际标准化。通过合作与交流,各国可以共同推进海图的研究和应用,形成更加统一和普适的海图标准,为海洋命运共同体的建设提供技术保障和支持。

综上所述,海图和海洋命运共同体是紧密相连的。海图的制作、更新和应用可以为海洋命运共同体的建设提供必要的工具与技术支持。海图的数字化、智能化和开放共享将为海洋事务的发展提供更大的便利与促进作用。在全球合作的推动下,我们相信海图的研究和应用将不断创新与发展,为建设美丽的海洋命运共同体做出积极贡献。

(二)海图在海洋命运共同体构建中发挥的作用

海洋命运共同体的理念强调各国应共同合作、共享海洋资源和共同应对海洋挑战。在这一进程中,海图作为海洋航行的重要工具,发挥着以下几个方面的作用。

1. 航行安全保障

海图为航行员提供了关键的航行指引和安全保障,它包含海洋地理和水文特征的准确描述,能够帮助船舶规避危险和选择最佳航线。通过提供准确的海洋信息,海图有助于减少事故风险,保障船舶和船员的安全。

2. 资源开发和环境保护

海图不仅提供航行导航信息，而且涵盖海洋资源和环境的相关信息。在资源开发方面，海图可为海洋命运共同体提供详细的海底地质、水文、海洋生态等数据，帮助各国科学地开发和利用海洋资源。在环境保护方面，海图可提供对海洋生态系统的认识，促进资源的可持续利用，并避免对海洋环境的损害。

3. 数据共享和合作

海图制作和更新需要依赖各国的数据和信息共享。根据海洋命运共同体的理念，各国应加强海洋信息的共享合作，包括海洋测量数据、卫星遥感数据等。通过共享数据，各国可以形成更全面、更准确的海图信息，提高海洋环境的认识和公众对海洋事务的了解。

4. 紧急救援和灾害管理

海图在紧急救援和灾害管理方面起着重要作用。例如，它可为救援船舶和飞机提供准确的位置信息，帮助快速定位和展开救援行动。同时，灾害发生后，海图可以用于评估和监测灾害的影响范围，提供紧急灾害管理和防控策略。

5. 全球治理和国际合作

海图的研究和制作需要各国的合作和国际标准化。通过共同制定和遵守海图制作的国际标准，各国能够在全球范围内实现海图数据的有效整合和共享。这有助于促进跨国合作和全球治理，推动海洋命运共同体的建设。

综上所述，海图在构建海洋命运共同体中发挥着不可替代的作用。它为航行安全、资源开发、环境保护、紧急救援等提供了必要信息和基础支持，并且促进了各国之间的数据共享和合作。通过加强海图的研究和应用，并借助海图的力量，我们将能够更好地实现海洋事务的可持续发展和全球治理。

小　结

本章主要介绍了海图的前世与今生。首先，分别介绍了西方海图从古代的巴比伦时期、希腊时期、罗马时期、中世纪时期、文艺复兴时期，到近代的资本主义时期的发展历程，以及我国海图自秦汉时期、魏晋南北朝时期、唐、宋、元、明、清时期到近代中国和新中国时期的海（地）图发展史，旨在提升读者对海图发展的认识与理解，见证地图/海图伴随着人类社会、政治、军事等文明的进步转变。然后，结合海洋命运共同体这一主题，探讨了现代海图发展在构建海洋命运共同体中的地位意义以及能够发挥的重要作用，旨在让读者了解到海图虽然是一门古老的学科与技术，但会随着当今信息技术的发展与时俱进，在海洋命运共同体的建设中发挥重要作用。

02 海图类型和用途有哪些

海图是地图的一种，随着时代和社会的演变、科技的进步，其载体媒介、绘制方式、内容及用途等不断发展变化。按不同的分类标准，海图有不同的类型划分方法，大致可分为航海图、通用海图和专用海图。本章按照从普通到专题、从近海到远海、从低纬度到高纬度、从纸质到数字的逻辑主线，介绍海图类型的演变和特点，帮助读者了解海图的功能和用途等基本知识。

第一节　航海图、通用海图和专用海图如何使用

一、航海图

航海图（Nautical Chart）是表示海洋地理要素和海上航行安全信息的海图，供舰船制订航行计划、航行中定位和标绘航线及选择锚地使用，是海图中产生最早、应用最广、数量最多的品种。

航海图的内容主要包括：海岸、干出滩，海底地貌、底质，航行障碍物，助航设备、航行目标，航道、锚地，禁区、训练区、水上靶场，海洋水文，方位圈和地磁资料等。沿岸陆地部分标出与航行、作战、训练有关的水系、居民地、道路网、地貌和航行方位物。为了确保航行安全，航海图出版后，对与航行关系密切的要素（如助航、碍航要素）变动情况，必须依据新测量或新收集到的海区情况变化资料随时进行改正。改正内容由海图出版机构发布，通过书面航海通告、无线电警告或自动航海通告系统传递给用户或库存部门。

航海图按用途、内容和比例尺分为海区总图、航行图和港湾图三种，其比例尺的大小根据区域的地理特点和航行特点灵活选定。

（1）海区总图，概略表示海区各种要素，比例尺一般小于 1∶300 万，供研究海区航行条件、制订舰船航行计划用，也可用于远洋航行。

（2）航行图，主要表示与舰船航行有关的要素，比例尺一般为 1∶10 万～

1∶300万，供舰船航行用，可细分为远洋航行图、远海航行图、近海航行图、沿岸航行图和狭水道航行图。

(3) 港湾图，详细表示港湾内外各要素，比例尺一般大于1∶10万，为组织合成军队登陆和抗登陆作战提供地形资料，并供舰船进出港湾、锚泊和进行港湾建设时参考使用。

由于航海技术的发展和应用需要，航海图的品种也在不断增加，如双曲线航海图、格网图、电子航海图等。

航海图多采用墨卡托投影，等角航线的表象为直线，便于航海时的海图作业。在比例尺大于1∶2万的航海图上，可使用高斯-克吕格投影或平面图；小比例尺大洋航行图按等角航线航行会增加航程，高纬度海区墨卡托投影海图的长度和面积变形过大，常用日晷投影图，但仍需要配合使用墨卡托投影航海图。

航海图是沿海岸线或航线按经纬线自由分幅的，图幅的位置、大小、方向和形式都不固定。按图幅面积的大小，可分为全张（内图廓尺寸为98厘米×68厘米）和对开（内图廓尺寸为68厘米×48厘米）两种；图幅方向可以是横幅（东西长、南北短）或直幅（南北长、东西短），有时还可斜置。航海图的分幅直接影响在航行中的使用价值，编制时要考虑到它的用途、比例尺、海岸的走向、海区和航线的完整性，航行中有充分的水域和足够的航行目标，使海图既有独立使用价值，又能连贯使用。成套航海图的邻幅之间还有一定的重叠范围（叠幅），以便换图时将舰位点转到邻图上，并在邻图上继续定位和作业。

航海图的编号方法与其分幅方法相适应。现行航海图的编号方法很多，各国互不相同。编号数字少的有一两位，多的有五六位。有的国家按区域编号，有的国家既按区域编号又按比例尺编号，有的国家则任意编号。中国航海图按区域、比例尺编号。

在上海中国航海博物馆的海图展柜中，展示了一系列不同时期、不同地区的纸质海图（见图2.1），它们大部分是墨卡托海图。在海图上，可以清楚地看到船舶航行所需的各种资料，如沿岸形状、岛屿、浅滩、暗礁、水深和助航设施等。航行前，船舶驾驶员应在海图上绘制计划航线；航行中，要经常使用海图来观测船位，以便了解实际航迹与计划航线是否吻合；航行后，总结航行经验也离不开海图。因此，海图是航海不可缺少的重要依据。

图 2.1　上海中国航海博物馆陈列的纸质海图

除了纸质海图，还有现代电子海图系统。电子海图显示与信息系统（Electronic Chart Display and Information System，ECDIS）是一种目前已在船舶上广泛应用的新型船舶导航系统和辅助决策系统，是在专用计算机控制下，集中处理海图信息、船位信息、雷达信息、船舶动态参数，以图文和音响综合表现航海情况的船用自动化系统。ECDIS 由海图数据文件、控制显示设备、外部传感器和专用软件构成，其基本功能是为航海人员显示海区情况、提供航海资料，辅助航海人员拟定计划航线、标绘实时航迹、监测航行情况。在海图显示上，ECDIS 等效于纸质海图。

随着新航海技术和新型船舶的出现，又出现了一些新的航海图。例如，双曲线无线电导航系统的应用，产生了双曲线无线电导航图，包括劳兰海图、台卡海图、奥密伽海图等。这些海图除普通航海图的内容外，还增加了定位双曲线。一些发达国家出现大量的游艇，于是游艇用图大量面市。这种图上除了航行障碍物，海底地形比较简单，而目视目标非常详细，以适应游艇吃水浅、速度快、主要靠自视定位航行的特点。

二、通用海图

通用海图可以满足各方面的用图需要。通用海图是指用途上带有普遍性（通用性）的海图，其特点是要求海图必须全面描述各种自然要素和社会经济要素，且所表达的主题内容各要素具有普遍性。因此，以用途为标志进行海图分类的通用海图，就是以内容为标志进行海图分类的普通海图。通用海图可供经济建设、国防建设、科学研究和文化教育等广泛使用，且可进一步分为两类。

（1）海底地势图。供政府、军事、科研等机构全面了解海区情况、制定计划等用。常以挂图形式出现，概略地表示某个海区的海洋地理环境特点，比例尺一般小于 1∶100 万（见图 2.2）。

图 2.2　GEBCO 全球海底地势图

（2）海底地形图。供各部门单位研究、开发海洋用，也可作为其他海图的基础底图。它详细表示海洋区域各种内容要素，常以系列化形式出现，按比例尺成套。海底地形图还可细分为大陆架地形图、海岸带地形图和沿岸（港湾）地形图，如图 2.3 所示。

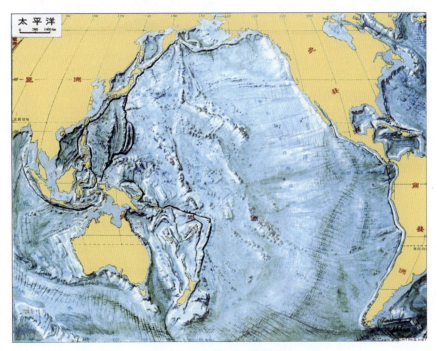

图 2.3　太平洋海域海底地形图

海底地形与陆地一样，有山岭、高原、盆地、丘陵等形态。海底地貌按洋底起伏的形态特征，大致可分为大陆架、大陆坡和大洋底三部分。大陆架是指陆地向海洋延伸的平浅海底。大陆坡是大陆架与深海底之间较陡的陡坡。大洋底是海洋的主要部分，有海岭、海脊、海底高原等正地形，也有海沟、海槽、深海盆地等负地形（见图 2.4）。

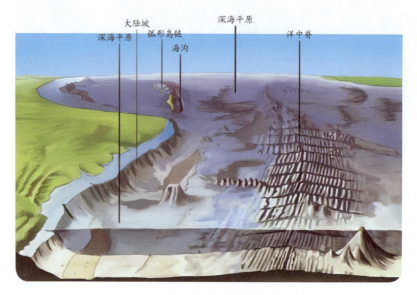

图 2.4　海底地形划分

海底地形图根据范围可以分为以下几类。

1. 大陆架海底地形图

大陆架海底地形图是一种表示大陆架海域的海底地形图，其比例尺为 1∶1 万～1∶100 万。这种地形图主要用于大陆架海底资源的开发和各种海洋工程及海洋划界。大陆架海底地形图可按两种系列编制出版：一种是按陆地地形图系列；另一种是按海图系列。前者即陆地地形图在大陆架范围内的自然延伸，采用的是陆地地形图的编制原则，如采用与陆地地形图统一的比例尺系列和分幅编号，统一采用高斯-克吕格投影，且采用统一坐标系和高程系。海底地貌以负等高线表示。这种系列的优点是有利于与陆地地形图拼接。后者采用的是海图的编制原则。采用墨卡托投影和海图的分幅编号系统。其高程系与陆地地形图的一致，深度系统与海图的一致。但这种系列与陆地地形图拼接使用时不方便，突出表现在深度和高程上具有两种控制系统。

按海图系列编制的大陆架海底地形图的鲜明特征是以等深线表示海底地貌。根据海底地貌的特点，采用不同的等深线间距。海底地貌表示的详细程度直接受大陆架海底测量的详细程度影响。表示简单的海底地形图仅以海道测量资料为基础，以等深线表示海底起伏形态。由于采用现代化测量手段（如多波束回声测深系统、机载激光测深系统、侧扫声呐系统等）获得的资料十分详细，因此以这些资料编制的海底地形图就不仅限于表示地形起伏，还能表示各种海底地貌类型形态、各种海蚀地貌形态等。

在过去的三四十年里，世界沿海国家出版得较多的是1∶100万海底地形图和1∶20万（或1∶25万）大陆架海底地形图。

2. 大洋海底地形图

大洋海底地形图覆盖大洋或部分大洋范围，比例尺通常为1∶200万～1∶2500万。主要显示大洋海底的宏观地貌特征，包括海沟、海槽、海盆等海底负地形和海脊、海山、海底高原等海底正地形。

世界上很多国家都出版过大洋海底地形图，这些地形图描绘了世界各大洋海底地形的不同特点和地貌分布。例如，在大西洋海底地形图上，显示了由北向南的巨大中央海底山脉及山脉两侧海槽和海盆的分布。在太平洋海底地形图中，显示了太平洋边缘分布的大型海沟，以及东西部分布的大小不等的深水海盆和平缓的海底高原等。

3. 世界洋海底地形图

世界洋海底地形图是指世界洋范围的小比例尺海底地形图。例如，美国斯克利普斯海洋研究所于1975年出版了一幅世界大洋海底地形图，其比例尺为1∶4752万，投影为墨卡托投影，等深线间距为1000米；1980年，苏联海道测量局出版了一幅世界大洋海底地形图，其比例尺为1∶2500万，投影为墨卡托投影，等深线间距为200～1000米。最著名的世界洋范围小比例尺海底地形图是《大洋地势图》，该套地势图的第一版（1904年）和第二版（1912—1927年）由24幅图组成，图上表示了近3000个水深注记，等深线为200米、500米、1000米、2000米、3000米等。第三版（1932—1955年）由国际海道测量局协调其成员国共同出版，由第一版、第二版的24幅图改为18幅图。为了联合世界各国的测绘力量，共同测绘出版世界洋海底地形，共享有关成果，1973年，由国际水道测量组织（International Hydrographic Organization，IHO）和政府间海洋学委员会（Intergovernmental Oceanographic Commission，IOC）联合成立了大洋地势图指导委员会（Joint IOC-

IHO GEBCO Guiding Committee，GGC），负责编制出版大洋地势图（GEneral Bathymetric Chart of the Oceans，GEBCO），在这个委员会的组织领导下，协调了19个国际海道测量组织成员国，先后出版了大洋地势图第四版和第五版，其中第四版于1966年出版，第五版于1979—1982年间相继出版，目的是使用图者对世界大洋海底地形有一个共同的认识。整套图仍由18幅图组成。

大洋地势图是国际间海道测量组织成功合作的制图作品，反映了当今国际上海道测量和海图制图的水平。该套图比较完整地显示了世界洋海底地形的基本特征，对海洋科学研究、海洋开发利用和有关部门具有重要的参考意义。当然，该套图也存在着不足之处，即部分海域资料还不够完整、详细。这反映了当今世界范围内海洋测量水平发展的不平衡，但仍不愧是世界洋范围的小比例尺海底地形图的杰出作品。

由于不同国家和不同历史时期对同一海洋地理实体的命名往往不一致，在大洋地势图上难以表示地理实体，为统一地理名称，并为新勘测的海底要素命名后及时在图上表示，1975年，大洋地势图指导委员会专门设立了下属机构地理名称和海底地名国际分委员会。1993年，其正式更名为国际海底地理名称命名分委员会，简称国际海底地名分委员会（Sub-Committee on Undersea Feature Names，SCUFN）。这是当今海底地名领域具有较高权威性和影响力的国际组织，主要负责研究和制定全球海底地名命名的指导方针、原则以及相关标准规范，与各国政府的海底地形命名机构开展协调，统一海底地形命名，审议有关国家提交的海底地名申请，将新采纳的地名写入世界海底地名词典，用于制作世界大洋地势图。该分委员会共由12名委员组成，每年召开一次会议。现在世界上很多国家都成立了海底地形命名的专门机构，有的国家在国际海底地名分委员会成立之前就已成立，如美国的海底地名咨询委员会、日本的海底地名委员会、韩国的海洋地理名称委员会等。自2011年起，由国家海洋局下设的中国大洋矿产资源研究开发协会（China Ocean Mineral Resources R&D Association，简称中国大洋协会）牵头，正式开始向国际地名组织提出海洋地名命名方案。为与国际接轨，加强海洋地理要素的命名工作，中国大洋协会与民政部区划地名司下属的地名研究所密切协作，于2013年开始以中国地名委员会海底地名分委员会的名义向国际海底地名分委员会提交海底地名提案。目前，中国已有40多个海底地名提案获得国际海底地名分委员会审议通过并被收入世界海底地名词典。

三、专用海图

专用海图一般用于某种特定目的，如无线电导航。专用海图的种类比较庞杂，根据其含义与使用特点，大致可分为以下两种。

（1）部门专用图。为某一部门或一定范围的读者制作的海图，如教学用图、训练用图、标准样图等，内容可以与通用海图的类似。
（2）海洋环境图。为解决特定问题使用的海图及研究成果图，如海洋重力异常图（见图2.5），这种图可以满足科研单位、航天部门及军事部门等研究地球物理、地球形状或远程武器发射等特定需求。也可使用几种单要素海洋环境图共同解决某个特定的问题，如用水深图、底质图、海流图、潮汐图、地质构造图等来选择石油钻井的位置。

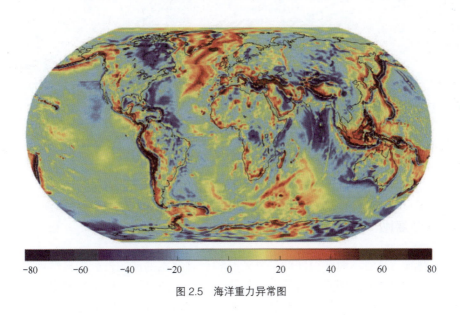

图2.5　海洋重力异常图

第二节　普通海图和专题海图有何不同

一、普通海图

普通海图是表示海洋空间中各种自然和社会现象及其相互联系与发展的海图，供各级政府、指挥机关和业务部门分析地理形势、制定计划、确定部署等用。普通海图包括海区形势图和海底地形图等。海区形势图的比例尺较小，以某一完整的海洋地理区域或海战区为制图范围，全面而概括地反映了区域的地理形势，常以图组和挂图形式出版。海底地形图是陆地地形图在海域的延续，表示内容包括海底地形起伏、海底浅层底质、自然与人工物体等（见图2.6）。

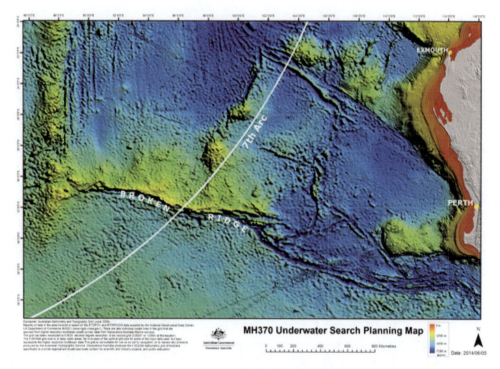

图 2.6　MH370 搜索海域海底地形图

二、专题海图

专题海图是表示海洋空间的某种或几种专题要素的海图，分为自然现象海图和社会经济现象海图两类。自然现象海图可细分为海洋水文图、海洋生物图、海洋重力图、海洋磁场图等。社会经济现象海图则可细分为航海历史图、海上交通图、海洋水产图、海洋区划图等。例如，图 2.7 是以海区底质为专题要素的海图。

随着信息技术、数字化技术、传感器技术、探测技术的不断发展，海洋测绘已步入大数据时代，给海洋测绘事业的发展带来了新的机遇，不但改变了海图产品的生产模式，而且推动了其载体形式与服务方式的快速变化。为了充分挖掘和利用海洋测绘大数据，满足用户对海图产品及服务的多样化需求，达到"依靠数据说话和决策"的目的，IHO 通过发布 S-100 系列标准提出了发展专题海图产品的方向，专用、定制、专业的专题海图产品信息成为当下急需。专题海图是为突出并完善描述在海洋及其毗邻陆地区域内的某种或几种要素（主题），使海图内容专题化、表达形式各异、用途专门化的海图，是人类认知海洋空间环境的结果，也是人类更加深入认知海洋的工具。

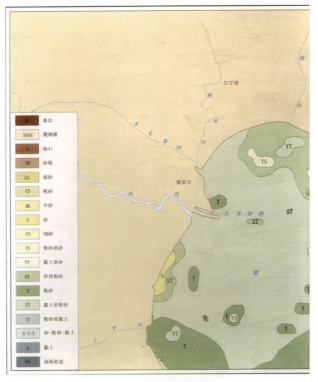

图 2.7　海区底质分布图

在当下海洋测绘大数据时代，海洋测绘人员能够使用高度自动化、信息化的海洋大地测量、海洋导航定位、水下和海岸带地形测量、海洋遥感、海洋水文测量、海底底质探测、海洋工程测量等测绘技术与装备，获取立体、高精度、高分辨率的信息，使得海洋测绘数据呈现"爆炸式"的几何级数增长。海图制图人员通过管理、搜索、分析和编辑海洋测绘大数据，可以从总体、微观等层面描述海岸带、海底地形地貌、海底底质、海洋重磁、海洋水文、海洋气象和人为设施等海洋环境信息，进而准确和充分地反映海洋要素（主题）的时空分布关系、特点及变化规律。

专题海图区别于一般地图，能够客观真实地反映港口风貌及表现海底地形，为海上安全航行和管理提供服务。地理底图是作图过程中置于多个图层的下方，用于标绘各种要素的基本框架。底图是地图的重要构成部分，底图的采用一定程度上决定了地图的品质及图面效果。地理底图的内容一般包括适当选取的一定数量的居民地和地物，例如：学校、医院、政府机构等在国民经济、交通、历史、文化等方面具有重要意义的点状要素；铁路（包括在建铁路）、公路、通航河道、自然河流以及地级以上行政区划境界的线状要素；表示地貌地势的面状要素。各地理要素表示的详细程度根据专题地图的需要和比例尺而定，以满足用户需求为标准。底图数据资料来源广泛，包括基础地理数据、高分辨率数字高程模型（Digital Elevation Model，DEM）数据、海图数据、界限数据、卫星遥感影像、各港区文本和图片资料等。数据采用的多源性决定了底图的多样化，制图过程中对多种数据进行搜集、处理和加工，变为可利用的底图数据。根据数据源的不同，地理底图有多种表现手法，包括平面线画底图、分层设色底图、遥感影像底图、立体晕渲底图及其他底图等多种类型。通过不同的底图样式合理地融合展现出港区地形起伏状态及地理分布情况，能够适用于不同类型的专题图。这里主要分析和研究基于多种数据源的不同表现手法在专题海图中的实际运用效果，并且探索底图间相互融合以达到最优效果的方法。

（一）平面线画底图

平面线画底图是最常见的普通地图，以表现该区域内的自然地理及人文经济要素为主。数据源通常为电子矢量图，图面内包含地形、河流湖泊、土壤、植被覆盖、行政区划、交通、界线等内容，可充分表示制图区域内的地理特征。作为底图使用时具有通用性、灵活性的特点：通用性指的是此类底图的数学基础可根据实际制图需求而变化，比例尺、地图投影及图廓范围可在合理范围内任意调整；灵活性是指此类底图的内容和表示方法可由专题图用途确定，专题图编制时通过综合、精炼与提取可筛选出需要的要素，作为其他底图的信息补充。

（二）分层设色底图

分层设色底图是地理底图中最常见的一种，其数据源为等高线地形图，是以等高线和等深线为基础进行绘制的。在地图中按照陆地上等高线的高度及海洋中等深线的深度变化，参考用户的读图习惯，赋以深浅不同的颜色，作为底图使用能够直观地表示出地貌地势和海洋海底的形态。分层设色的通用颜色顺序如下：海拔低的平原及盆地用绿色表示，海拔较高的丘陵及低山用黄色表示，海拔高的高原山地用棕色表示，水系及海洋部分用蓝色表示。渐变过渡的颜色可以表示出高度与深度的变化。陆地部分的绿色越深，海拔越低；棕色越浓，海拔越高；雪线以上的地区常用白色表示。海洋部分则是蓝色越浓，表示的水深越深。制图时通常也可附上分层设色图例，以说明不同颜色所示的高度数值范围。分层设色法用在底图中既能表示海拔，又可显示出不同海拔之间的差值，所以它既表示地势高低，又能反映出地形类型的特点。

（三）遥感影像底图

影像地图是指采用卫星遥感影像，并利用遥感影像及航空照片表达空间地理信息的地图。影像数据一般在卫星地图软件中下载得到，通过购买的方式在地图服务器中下载获取卫星图片、高程数据、剖面图、历史影像、三维数据等。经过授权后下载的影像数据清晰度高、没有水印，支持无缝拼接、数据纠偏及投影变换。遥感影像数据通过几何校正、投影变换和比例尺变化后，应用到专题图底图上，再通过影像拼接、色彩校正、色彩增强处理等手段，可以更清晰美观地显示影像内容。在专题图中能够通过影像直接获取地理要素信息，部分地理要素可以直接由影像显示表达，如道路、河流、湖泊等，不需要额外加注矢量线划；而在影像中判读有困难或显示不清晰的内容，则需要适当叠加矢量线划和注记，继而得到一幅满足专题需求的底图。影像底图、矢量要素、数学基础及图廓整饰几部分内容共同组成一幅完整的遥感影像专题图。区别于其他专题海图，遥感影像地图具有以下特点：一是通过影像表现地理要素特征具有更强的直观性，更加真实，更能充分反映地理要素的细枝末节。二是只需基于影像底图添加简单的线划、符号和注记，其他内容则直接由影像显示，不仅能够降低工作量，缩短成图周期，而且能够使地图具有更强的现势性。因为这种高效的信息传输表达方式，影像地图在专题图中的运用越来越广泛。

（四）立体晕渲底图

晕渲法是指应用阴影原理，通过设置光源的高度角和方位角，以色调明暗及冷暖变化直观形象地表现出地貌特征的一种方法。依据光源所在的位置变化和地形的起伏状态，用深浅不一的颜色与色调在陡坡上塑造出阴影效果，形成富有立体感的地貌地形，并依据地势海拔高低等因素，设置深浅不一的冷暖色，通常与分层设色法遵循相似的色彩配置规律。晕渲图以高分辨率的 DEM 为数据源，制图时需根据制图比例尺来选择对应精度的 DEM 数据，原则上 DEM 精度越高，地形表面的立体效果就越好，但地图负载的数据量也更大。将晕渲图和矢量要素如建筑区域、道路交通、行政区划、地名等要素叠加，不仅可以模拟实际的地貌形态，而且可以表现出地理要素与地形之间的位置关系。在专题图中，通常采用晕渲法来表现立体地形，晕渲底图可以通过利用阴影和明暗的变化、色调的渐变，形象地表现出地貌地形特征，在图面上显示出三维立体效果。相较于其他底图，晕渲底图表现的地貌形态更加立体，能更清晰、直观地反映出制图区域的自然地貌特征和整体情况，同时兼具图面效果美观的特点。

（五）其他底图

除了上述底图方法，针对不同专题地图的需求，为了丰富趣味性与观赏性，还可采用更多灵活的底图表现手法，如手绘素描法、图表法、专题符号法等。其中，素描法是利用绘画的方式表现地面起伏的方法，它用手绘方式描绘出山峰、丘陵以及港区的地形和位置变化，能够突出表现地貌类型的特征，成图方式新颖，具有更强的艺术表现力与观赏价值。而对于表现专题统计类数据，可以采用图表法、专题符号法等方式，达到专题要素突出、清晰、直观的目的。多种多样的底图表现手法赋予了专题地图新的生命，增强了地图的艺术表现力，让读者有耳目一新的感觉。

第三节 大、中、小比例尺海图的不同作用

海图比例尺是海图上线段长度与相应实地水平距离之比，用公式表示为"比例尺 = 线段长度/实地水平距离"。为方便起见，比例尺常以分子为 1 的分数表示，分母则表示缩小的倍数，如 1/10000 表示缩小 1 万倍，图上的距离为实际距离的万分之一，通常写为 1∶10000 或 1∶1 万。分母越大，表示比例尺越小；分母越小，表示比例尺越大。

比例尺分主比例尺和局部比例尺两种。地球椭球表面缩小表示在平面上的确定比率称为主比例尺。这个比率可能表现在海图的某条线上或某个点上。除保持主比例尺的点或线外，任意位置的比例尺都被称为局部比例尺。局部比例尺随线段的方向或位置变化。主比例尺在海图上常以两种形式表示：数字比例尺和直线比例尺。数字比例尺标注在海图标题的下方。直线比例尺一般绘在东西外图廓上。墨卡托投影海图上的数字比例尺为基准纬线的比例尺，即主比例尺，其他地区均为局部比例尺。从基准纬线到最近的极点，图上的局部比例尺大于主比例尺；从基准纬线到赤道，图上的局部比例尺小于主比例尺。离基准纬线越远，局部比例尺与主比例尺之差越大。

一、海图的比例尺划分

按海图比例尺分类能够反映海图内容的详简，并且能够间接反映海图的使用范围和使用特点。按比例尺，一般将海图分为如下几种。

（1）大比例尺海图：1∶10 万及更大比例尺的海图。
（2）中比例尺海图：小于 1∶10 万至 1∶100 万及它们之间的各种比例尺海图。
（3）小比例尺海图：小于 1∶100 万比例尺的海图，又称总图。

按比例尺分类不是一成不变的，但一般按照上述指标来划分。有的分类将 1∶100 万比例尺的海图归为小比例尺海图。各种专题海图按比例尺分类时，各专业部门有其特殊的规定，如工程部门将 1∶5 万、1∶10 万比例尺地形图归为小比例尺地形图。

对于航海图，其按比例尺分类的方法一般如下。

（1）1∶10万以上：港湾图。它可细分为1∶25000以上的港湾水道图、1∶5万的海岸图和1∶8万～1∶10万的狭水道航行图。

（2）1∶10万～1∶19万：沿岸航行图。

（3）1∶20万～1∶99万：近海航行图。

（4）1∶100～1∶299万：远洋航行图。

（5）1∶300万及以下：海区总图。

二、总图

总图是一种小比例尺海图，比例尺小于1∶100万。总图涵盖的范围很大，包含的航行信息却很少，图上只记载简略的岸线、岛屿、水深点、重要航标和港口位置等。总图只供远洋航行船舶研究海区情况、拟定大洋航线和制定总航行计划使用（也有再细分的：海洋图，小比例尺海图的一种，比例尺约为1∶60万，涵盖区域为世界主要大洋；近海图，小比例尺海图的一种，比例尺约为1∶25万，涵盖区域为各国沿海区域）。

三、航海图

航海图的比例尺为1∶10万～1∶75万，图上会较详细地记载近海航行所需的灯塔、灯浮、无线电助航标志及碍航物等。港湾内及从外海看不到的航标则不画出。航海图供近海航行的船舶进行航迹推算和测定船位使用。

四、海岸图

海岸图的比例尺为1∶2.5万～1∶7.5万，属于大比例尺海图，图上较详细地记载着沿岸地形、地物、水深、底质、航标、全部碍航物等资料。海岸图供沿岸航行或通过狭窄水道和进出港湾锚地时使用。

五、港泊图

港泊图的比例尺多大于1∶1000～1∶25000，具体情况要视港区大小及危险情况而定。图上较详细地记载着港湾内水域的陆地地形、地物、水深、底质、航标、全部碍航物及泊位等资料。港泊图供船舶研究港湾和锚地的地理水文特点，以及掌握水深和底质，通过港湾内水道和进出港口及锚泊时使用。

一般说来，大、中、小三种比例尺的海图在内容的详细程度、用途、表示方法和编制方法等各方面都有不同的特点。大比例尺海图是直接利用测量成果编成的，内容详细，可以迅速定位，供军事战术行动、规划设计和野外调查勘测编制大比例尺专题海图之用。中比例尺海图是根据较大比例尺海图和地形图编制而成的，通常还利用一些自然经济地理和兵要地志等方面的补充资料，或者通过外业调查搜集补充资料编成，供军事上战役战略部署和编制中比例尺专题海图之用。小比例尺海图完全通过内业编绘成图，以各种较大的中、小比例尺（当缺乏中、小比例尺海图资料时，也用大比例尺海图资料）海图或海图资料为基础，广泛应用各种补充参考资料编绘而成，供军事上战略部署、国民经济的宏观规划以及科学编制各种小比例尺专题海图之用。

第四节　地域海图的妙用有哪些

国外一位制图学家在描述地图的功能时，曾用过一条精辟的语句："没有制图，就没有希望。"（No cartography，No hope.）随着测绘技术的发展和人类对海洋开发活动的不断深入，海图的功能越来越齐全，海图的应用越来越广泛，因此可以说："没有海图，就没有希望。"（No chart，No hope.）

一、现代海图的基本功能

概括起来，现代海图主要具有以下四种基本功能。

（一）海图是海洋区域的空间模型

模型，是指根据实物，经过假想或设计，按比例制成的与实物相似的物体。

我们平时所用的楼盘建筑模型、作战训练用的沙盘就是地理环境的空间模型。那么，为什么说海图是空间模型呢？由于海图具有严格的数学基础，利用了符号系统，采用了制图综合的手段，表示出了相应海洋区域制图现象的空间分布及其相互关系，因此海图可视为一种简化了的和抽象了的空间模型。

同理，现在的数字地球、数字海洋、数字地形模型、数字高程模型等也是海洋区域的空间模型。

（二）海图是海洋信息的载体

海图以图形、文字等形式表达、存储和传输空间信息。

海图信息有直接信息和间接信息两种：直接信息是海图符号直接表示的信息，人们通过读图可直接获得；间接信息要经过对图面上的直接信息进行分析破译而获取。例如，符号、水深等是直接信息，而罗经圈上的磁偏角则是间接信息。海图作为信息的载体，可载附在不同的介质上，主要的介质有纸张、磁带、磁盘、光盘、网络等，目前最主要的还是纸张。海图存储介质的多样化也促进了海图产品多样化的发展，如纸质海图、电子海图、数字海图等。

（三）海图是海洋信息的传输工具

信息论是现代通信技术和电子计算技术中用到的概念和理论，20世纪下半叶被引入海图学，形成了海图信息论，是主要研究以海图图形获得、传递、转换、存储和分析利用空间信息的理论。

海图就是空间信息的图形传递形式，是信息传输工具。

首先，由制图者（发送信息者）将对客观世界（制图对象）的认识做选择、分类、简化等信息处理，经过符号化（编码）制成海图；然后，通过海图（信道）将信息传输给用图者（信息接收者），用图者经过符号识别（解码），同时通过对海图的分析和解译，形成对客观世界（制图对象）的认识。

（四）海图是海洋分析的依据

海图上所载负的是海洋空间模型，是海洋地理信息，在海图上能直观反映出制图物体的数量特征、质量特征和各种现象的分布规律及其相互关系，因此，海图在海洋学和其他学科研究中，自然会作为海洋分析的依据，主要体现如下。

(1) 利用海图进行量测和数理统计，可以获取制图现象的数量概念（如长度、高度、面积等）、数量特征（如梯度变化、平均值等）以及多变量现象变化趋势等概念。

(2) 利用海图进行图形分析和规律分析，可以分析事物的质量特征（如事物的种类、形状、物理性质等）；通过对比分析和相关分析的方法，可以研究现象间的相互联系、相互作用及变化规律等。

二、现代海图的应用领域

21世纪是海洋的时代，海洋的开发越来越繁荣，对海图的需求量也越来越大。海图广泛应用于军事、航海、科研和政治等领域，具体体现如下。

（一）在国民经济建设领域中的用途

在国民经济建设中，发展海上交通、开展国际贸易、开采海洋资源、实施海洋工程施工、进行海上捕捞与养殖等都离不开海图，海图已成为促进各国政治、经济、文化交流不可缺少的工具。具体地说，海运比陆运和空运便宜，因此航海业历来十分繁荣。据统计，如按吨位计算，90%的世界贸易由船舶运输。而航海图对船舶航行提供了安全保障，因此，IHO 指定每年的 6 月 21 日为"世界海道测量日"，且得到了联合国的批准。2006 年首个"世界海道测量日"的主题是：IHO 对世界航行安全贡献的 85 年。海图素有"航海人员的眼睛"之称。

1. 航海

海图在航海上的作用主要体现在以下几个方面。

(1) 研究海区。利用海图，研究海区的自然条件和航行条件，如航线的选择，导航目标的利用，避险方法，航道的深度、宽度，港口、锚地的自然条件和人文条件，码头、泊位、设施等情况，海区的水文条件、底质及气象条件等。
(2) 制定航行计划。船舶出航前需要制定航海计划，以便作为海上航行的依据。包括拟定航线、航程，选择所需的各种海图，进行气象及海况预报，推算海区潮时、潮高等，其中拟定航线是制定航行计划的主要内容。
(3) 海上航行。海上航行包括沿岸航行、近海航行、大洋航行、狭水道航行、岛礁区航行及其他特殊条件下的航行。所有这些航行都要根据海图提供的各种信息来进行导航。
(4) 进出港湾锚地。港口、海湾和锚地是船只驻泊、避风的基地，船舶出入港湾、停靠码头和选择锚位时，需要海图提供的导航目标，以及掌握港湾锚地的自然地理条件和人文环境。
(5) 航行中的海图作业。海图作业是保证船舶按计划航行的基本工作。由于船舶在海上航行时受到风压、流压等影响会偏离计划航线，为保证船舶在预定的计划航线上航行，需要经常测定船位、修正偏差及在海图上标绘航迹线。当船舶从一个航向转为另一个航向时，航海人员只需根据海图求出开始转向点，转向终点，并标出船舶转向的航迹。

2. 海上捕捞与养殖业

现在渔船作业范围已扩展到远海、远洋，渔业对海图的需求数量越来越多。水产养殖业的规划、分布等都需要海图保障。

3. 海洋资源开发

海洋资源主要包括海洋生物资源、海底矿产资源和各种海洋能源。在开发海洋资源的过程中，需要绘制海底地形图、海洋地质构造图、海洋重力图和海洋磁场图，这些图件是开发海洋矿产资源的基本用图。

4. 海洋工程建设

海洋工程包括海底工程、海岸工程、海上工程及其他各种航务工程。海图是海洋工程设计和实施规划的基本图件，如海港建设、开辟新航道、铺设海底电缆和管线、搭建油井平台、开凿海底隧道等都离不开海底地形图、海底地质构造图、海底沉积物等图。通过海图可初步掌握工程所需的海洋地质、水文等情况，以便对工程进行规划和设计。

（二）在国防领域中的用途

在军事上，海图是各级指挥机关研究海区特点，制定训练、作战计划和组织指挥合成军队登陆与抗登陆作战的重要依据，是舰船航行、训练、作战的重要资料。

海军的一切训练、作战任务和各种海上活动都离不开海图，领导机关制定作战计划、舰艇部队在海上执行任务、海上军事工程和设施施工、构建数字海洋和海战场环境都离不开海图。

商业航行有比较固定的习惯航线，而海军作战训练不可能有固定的航线，作战的战场也不可能单方面选择，随意性较大，因此，作为海战场环境建设的重要内容之一的海图资料必须遍及整个海域。过去海图对于作战的保障是间接的和被动的，而现在则是主动的和直接的，海图是作战软件最基本的平台，许多作战软件往往是在海图上叠加一些与作战有关的要素形成的。

第二次世界大战后期，盟军在法国西北部诺曼底地区登陆一战，仅美国海道测量局就给参战部队发放了 28 万多幅海图；在海湾战争中，美国海道测量局曾向作战的多国部队发放了数万幅海图；在空袭南联盟的作战中，美国除向作战舰艇、航母等提供海图及航海资料外，还利用电子地图实时显示飞机轰炸结果，以便及时调整轰炸目标。

（三）在政治领域中的用途

在政治斗争中，进行海洋划界、执行海洋法、解决海事纠纷等也离不开海图。在国际政治、文化、科技交流中，海图可以发挥媒介作用；在国际事务交往中，需要相应比例尺的精确海图为依据；在目前的海洋划界中，必须有合适的海图。在国际海洋划界实践中，所用图件主要是海图，有些划界协议使用一个国家的海图，有些使用两个国家的海图。领海基线的确定、国界的标定等都需要在海图上进行。海事纠纷的解决也离不开海图。海上交通事故的裁定、水产养殖与捕鱼纠纷的解决都需要借助海图来进行。

（四）在科学研究领域中的用途

在科学研究中，科学工作者探索海洋奥秘、研究海洋情况也需要海图。海图是历史研究，尤其是航海史和地名演变研究的重要资料。

海图是海洋及相关学科研究的海图制图的科学作品，也是精神文明教育的材料。具体地说，海图是研究海洋地理和海洋地质等自然现象变化规律的重要资料，如利用海洋重力图的数据可以确定海底地壳各种岩层质量分布的不均匀性。

小　结

海图是地图的一种，随着时代和社会的演变、科技的进步，其载体媒介、绘制方式、内容及用途等不断发展变化。按不同的分类标准，海图有不同的类型划分方法，大致可分为航海图、通用海图和专用海图。本章按照从普通到专题、从近海到远海、从低纬度到高纬度、从纸质到数字的逻辑主线，对海图类型的演变和特点做了介绍。主要内容包括：① 航海图、通用海图和专用海图（按用途分类）；② 普通海图和专题海图（按内容分类）；③ 大、中、小比例尺海图；④ 地域海图（世界大洋全图、大洋图、海区图、水道图和港湾图）。

03 海图中的数学奥秘

我们在茫茫的大海上航行时，如何才能不迷路呢？对，看海图！有人说海图是船舶的眼睛，那么依靠海图怎样去识别茫茫大海上的方向与位置呢？下面就来探索海图中的数学奥秘。

我们知道，海图分支于地图，具有以下几方面的特殊性。第一，服务对象。海图是以航海为主要服务对象的地图。第二，描绘内容。海图主要描绘的内容是地球表面的海洋及其连接的陆地部分（陆部），因此，海图的地理要素就分成海部地理要素和陆部地理要素。第三，数学要素。海图主要的服务对象是航海，在航海图上可以绘算得到实际航线，能够实时得到船舶的位置、航向、速度等。

本章探索海图中隐含的数学要素［如经纬网、海图投影、比例尺、坐标系、高程系（基准面）、制图网、分幅编号等］，感悟海图背后的科学价值。

第一节 海图上的经纬网是什么时候出现的

13 世纪，随着人类对地球形状日益正确的认识和精确的测量，出现了真正从地图中分离出来的最早航海图——波特兰海图。在该分离出来的、绘于羊皮纸上的最早航海图上，主要表示了海洋，并且详细绘制了海岸，正确描绘了岛屿、岬角、港湾、浅滩的相关位置关系，而陆地则仅表示了沿海的狭长地带。

1405—1433 年，郑和下西洋航行期间使用的航海图和过洋牵星图，是当时世界上最早、最好的航海图集，是最早确定中沙群岛记录的图集，也是最早用图例表示水下礁滩的图集。所用的过洋牵星图，即海上天文导航，是通过观测星体（主要是北极星）离水天线的高度来确定船舶南北地理位置的变化，引导船舶横渡辽阔海域的天文导航方法。因此，船舶在大海中航行的位置在海图上就能够表示出来，它的参照物要么是陆地的地标，要么是天上的星星。我们还注意到，对照古今地图可知，最初的海图或地图是没有经纬网的，而经纬网实际上是辅助人们去定位的，那么经纬网是什么时候悄然出现在地图上的呢？

经线和纬线是地图上两组相互正交的曲线，由它们构成的格网称为经纬网，而由它们构成的坐标系称为地理坐标系。

最早引入经纬线概念的是 3 世纪古希腊被后人称为地理学之父的埃拉托色尼，他创造了"地理学"一词，并在其著作《地球大小的修正》中论述了地球的形状，首创了精确测算地球圆周的科学方法，绘制出了六条纬线和七条经线的世界地图，并且首次使用了经线和纬线来定位。

埃拉托色尼引入了经纬线的概念，而怎样测量经纬度则是由希腊著名科学家托勒密完成的。托勒密（约 90—168 年）是古罗马地理学家，出生于埃及，在亚历山大城居住和工作。

托勒密制造了测量经纬度用的星盘和后来驰名欧洲的角距测量仪，收集了 8000 多个地方的经纬度，建立了地理经纬网，并收集到了其著作《地理学》中。在《地理学》一书中，托勒密详细说明了如何采用两种方法将球状地球绘制到平面上，提出了投影和比例尺问题，明确了地图应该"上北下南"。直到今天，这些理论仍然是地形图和世界地图绘制的标杆。这部著作中还绘制了世界上最早、最科学的世界地图——托勒密世界地图（见图 3.1），影响了西方上千年。首先，这是人类第一次跳出自己的国家和地区从俯瞰的角度对世界进行综合的认知；其次，这是有地理经纬网的第一幅世界地图，促进了远洋航行。

图 3.1 托勒密世界地图

如果以今天的眼光看,《地理学》中的地图并不精确。"北美大陆"那时还未被发现,印度洋还是一片浩瀚而封闭的海洋。非洲和南极紧紧相连,赤道环线寸草不生。中国的面积被高估,世界却被描绘得太小。然而,与中世纪的地图相比,这幅地图却颇有先见之明。对于一些历史学者来说,"公元 1400 年后的两百年间,欧洲绘图人开始绘制清晰的大陆地图,正是从那时起,割裂的大陆联系在了一起,真正的世界史开始了"。在此之前,各个大洲不过是封闭的大陆,每个国家都以为自己生活在世界的中心。

托勒密地图最大的贡献在于让人类对地球有了整体的"世界"认知,其俯瞰世界的角度领先于所有国家绘制的地图,也影响了世界的航海活动。

随着地图学描绘地球形状的日益精确,以及航行方法的不断精进、航海仪器的不断发展,到 17 世纪,航海界逐渐形成了八大航法。至今仍然广泛沿用的航法之一就是墨卡托航法,原因是航海图使用了墨卡托投影进行绘制,航法计算的复杂性被航迹绘算的简便性所替代。因此,这里就不得不提到墨卡托海图——16 世纪出现之后仍在使用的航海图。

第二节　墨卡托海图为什么流传至今仍然是主流海图

墨卡托(Gerardus Mercator,1512—1594 年)是 16 世纪最伟大的制图学家。他一出生就从德国移居到佛兰德(今比利时的东佛兰德州)的日耳曼家庭。1554 年之后,他开始进行《欧洲国家地图集》的编辑出版工作,1569 年出版第一部分,1585—1589 年出版第二部分,第三部分在他逝世后的 1595 年出版,整个图集共 107 幅。

图集的封面上有古希腊半人半神阿特拉斯(Atlas)研究天地万物的标记,从此 Atlas 一词就成为地图集的专称,这是他的一大贡献。当然,他更大的贡献是在编制地图时渐臻完美地使用了圆柱投影,并且在 1569 年运用等角正圆柱投影编制了著名的航海图——墨卡托世界地图。由于墨卡托是将这种投影用于航海图编制的第一人,因此后人将其命名为墨卡托投影,且常将墨卡托投影海图称为**墨卡托海图**。

1564 年,墨卡托通过墨卡托绘图法在美洲大陆的中南部描绘出了太平洋的海岸线,并发行了这份自己描绘的世界地图。到 1569 年,他完成了一幅由 18 张地图拼合而成的、宽约 1.3 米、长约 2 米的世界地图。这幅地图以大西洋为中心,对欧亚大陆的描绘相当准确,东亚部分基本继承了"托勒密世界地图"所描绘的模样。不过，对中国的部分却描绘得南北颠倒，日本岛也被描绘得很大，太平洋则被描绘得比大西洋的面积小很多。

墨卡托投影海图的出现，是海图学史上继波特兰海图之后的又一个里程碑。然而，它又是在波特兰海图的基础上发展起来的。

波特兰海图被人们普遍认为是"中世纪最完美的地图，是地图学的光辉史诗"。然而，这是相对于当时其他地图仍处于"黑暗时代"而言的，实际上，从航海的需要而言，它并不"完美"。比较突出的问题是，波特兰海图是一种无投影的海图。

14世纪，在海图上首先出现了纬度刻度，后来又出现了经度刻度，这就是在葡萄牙首先出现的、被后人称为平面海图的以平面圆柱投影为基础的平面正方形海图。平面海图是以简单的方格网构成经纬网的。地球上等间隔的平行纬圈投影成等距离的平行直线，而地球上等角距的子午线投影成等距离的平行直线，且与纬圈正交。沿着投影赤道的距离刻度，和沿着每条子午线的距离刻度相同，因此经纬网是方格网。

运用平面海图进行短距离航行或所谓的"纬度航行"（先向南或北航行至目的地的纬度圈，后转向东或西驶向预定的地点），不会出现问题。但是，平面海图在实际使用中，尤其是在长距离和高纬度地区航行时，会产生很大的误差。

随着欧洲大发现和对贸易的追求，以及统治大洋彼岸殖民地的热切愿望，航海家需要在远离大陆的海洋进行航行。当他们在长距离的斜航线上等角航行时，航线在平面海图上的轨迹不是直线。因此，15世纪和16世纪的一些航海探险家非常不愿意使用离赤道35°以外区域的平面海图。

为了解决这个问题，海图学家试图用航海地球仪来代替海图。显然，这种地球仪不仅必须刻有经纬线，而且必须刻有等角航线。尽管海岸线在地球仪上的形态可以保持不变，船舶航线也可设计和黏附到地球仪上，但是笨重的地球仪不便带到海上，也不适用于小型船舶，并且实际上航线是地球表面上带有一定曲率的圆弧，这就使得航线更难展绘和计算。

于是，远洋航行必须要解决的问题是，如何在一个二维平面上表示船舶的航线！即航海人员需要这样的海图：在海图上可以方便地展绘航线，绘制船舶当前的位置，看到沿着航线已走多远，以及估算还要走多远。

墨卡托解决了上述难题。1544 年，他被任命为杜伊斯堡大学的宇宙学教授。在那里，他研究和发展了托勒密的制图思想，并利用研究成果创立了一种世界投影。航海人员利用该投影能将起点与终点之间的航线描绘在海图上。

墨卡托确信，航海人员理想的航线应该是一条具有恒等罗盘方位角的直线，即等角航线。如果在墨卡托海图上绘制一条直线，该直线与所有经线相交的角度都相等，那么这个等角航线将非常方便绘算。

墨卡托曾在其创作的第一个地球仪上刻了子午圈、平行圈和等角航线在海面上形成的螺旋曲线。这需要提供寻找某条等角航线与子午圈各个交点的纬度。也许正是这一点导致墨卡托解决了航海图的一个重要问题。因为子午线的收敛，在地球仪上相邻两条子午线之间的等角航线随纬度增大而逐渐变短。作为补偿，当纬度增大时，距离的比例尺必须扩大，即纬度渐长。这就初步形成了墨卡托投影的原理。纬度渐长的程度，是以等角航线被投影成直线为条件的，这是海员长期以来求之不得的对航海图的最基本要求。

据此，墨卡托从事海图绘制问题的研究，于 1569 年制作了世界地图，解决了等角航法即恒向罗盘方位角航行方法在海图上绘制航线的难题。这种投影方法被称为墨卡托投影，其投影的数学名称是等角正圆柱投影。这标志着墨卡托制图生涯的顶峰，也是世界海图发展史上的一个伟大的里程碑。

但是，在墨卡托海图上，纬线所投影的平行圈准确间隔的规律，是由英国学者埃德华·赖特（Edward Wright，1558—1615 年）发现的。赖特大约在 1593 年编制出了墨卡托海图的简单矩形经纬网的"渐长纬度表"，并在其 1599 年出版的《航海的某些误差》一书中，首次以数学原理做了实质性的解释。至此，墨卡托投影海图在实践上和理论上的创立才最终完成。

墨卡托投影即等角正圆柱投影。设想一个与地轴方向一致的圆柱切于或割于地球，按等角条件将经纬网投影到圆柱面上，将圆柱面展为平面后，就得到了平面经纬网。投影后的经线是一组竖直的等距离平行直线，纬线是垂直于经线的一组平行直线。各相邻纬线之间的间隔由赤道向两极增大。从某点向各方向的长度比相等，即没有角度变形，而面积变形显著，随远离基准纬线而增大。

我们可做如下比喻：假设地球被围在一个中空的圆柱里，其基准纬线与圆柱相切（赤道），然后假设地球中心有一个灯泡，将球面上的图形投影到圆柱体上，再将圆柱体展开，就是一幅由选定基准纬线上的"墨卡托投影"绘制出的地图（见图 3.2）。

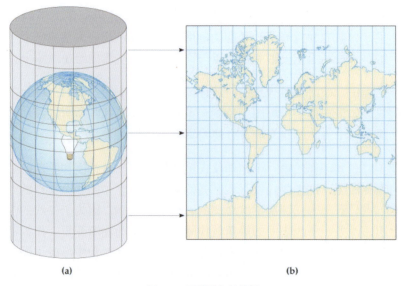

图 3.2　正轴墨卡托投影

墨卡托投影海图占目前航用海图的 95% 以上。为什么能得到如此广泛的应用呢？原因是墨卡托投影没有角度变形，从每点向各方向的长度比相等，经纬线都是平行直线，且相交成直角。这一点使得航海中等角航法的航迹绘算非常方便。经线间隔相等，纬线间隔从基准纬线处向两极逐渐增大，即纬线渐长。墨卡托投影地图上的长度和面积变形明显，但基准纬线处无变形，从基准纬线处向两极变形逐渐增大，但因为它具有在各个方向上均等扩大的特性，所以保持了方向和相互位置关系的正确性。

总之，墨卡托投影有如下特点。

(1) 没有角度变形，从每点向各方向的长度比相等。
(2) 经纬线都是平行直线，且相交成直角；经线间隔相等，纬线间隔从基准纬线处向两极逐渐增大。
(3) 等角航线投影为直线。

由于墨卡托投影在地图上能够保持方向和角度正确，如果循着墨卡托投影图上两点间的直线航行，方向不变，可以一直到达目的地，所以它对确定船舶的位置和航向都具有有利条件，给航海者带来了很大方便，常用作航海图和航空图。百度地图和谷歌地图使用的投影方法都是墨卡托投影。

在中华人民共和国国家标准《海底地形图编绘规范》（GB/T 17834—1999）

中，5.1.3.1 款规定 1∶25 万及更小比例尺图采用墨卡托投影。

在中华人民共和国国家标准《中国航海图编绘规范》(GB/T 12320—1998)中，6.1.3.1 款规定航海图一般采用墨卡托投影。

第三节　为什么远洋航行要用日晷投影

日晷投影又称地心投影、中心投影、心射投影，是一种任意性质的透视方位投影。假设一个投影平面切于地球的某点（该点被称为投影中心），将地球视为球体，以球心为视点，向球面上的点引出一条视线，与投影平面的交点即为该点在投影平面上的投影。投影中心无变形，离投影中心越远，变形越大，当天顶距为 90°时，长度和面积变形无穷大，角度变形 180°，因此不适用于编制普通地图。然而，由于两点间的大圆航线（实地两点间的最短距离）在投影平面上是直线，因此对远距离航海和航空有重要意义。船舶远洋航行时，日晷投影图通常要和墨卡托投影图配合使用。

作为一种经典的地图投影方法，日晷投影是一种圆柱投影，这种投影响在将经纬度坐标转换为平面直角坐标时，会将地球表面视为一个圆柱，然后将圆柱展开成一个平面图形。在远洋航行中，由于船舶需要长时间穿越大洋，因此需要使用一种能够准确反映地球表面形状的地图投影方法。日晷投影可以满足这个要求，因为它可以准确地反映地球表面的曲率和形状。在展开过程中，会根据地球表面上某点的位置和方位，确定该点在平面上的位置和方位，因此在远洋航行中被人们广泛使用。

第四节　从海岸线有多长到海图比例尺

大约在 13 世纪中期，西方从中国学到的指南针知识使得利用位置关系来确定陆地的轮廓成为可能，但是除海图上的小块区域外，大部分区域的描绘精度还较差。小岛和小岬角被夸大表示，有时也表示浅滩和沙洲，但是没有标明水深。通常没有经纬度，也没有任何格网参考。随着 1560 年铜版雕刻印刷海图的出现，以及九年后墨卡托的带有格网的"世界地图"的出版，使得在二维平面（如海图）上表示三维球面上的物体成为可能，并且能精确表示海岸线轮廓和航海要素。根据粗略的测量信息生产的大量海图非常不精确，尽管由船长们进行私人出版和商业性销售，但从海图标题和注记的摘要中可以感觉到这项工作的精度不高。

今天的海图绘制方法是由多个世纪的一系列"技术突破"发展而来的。实际上，无变形地、精确地将球面上的大片区域表示在小比例尺海图上是不可能的。海图采用了一种折中的方法：大比例尺海图覆盖小区域的陆地和海洋，这时的变形程度最小，通过查看航线在海图上的位置是否正确，或者利用罗盘方位定位方法在海图上绘制一些陆地点，可以检查航行情况，进而保证航线具有足够的精度。

测量人员必须选择投影类型。投影类型有多种，但是墨卡托投影和日晷投影在海图投影中最受欢迎。墨卡托投影的基本特征是经线和纬线构成了一个矩形格网，随着远离赤道而向两极间隔扩大，长度变形也越来越大。水手们利用地球表面的圆柱投影将船舶航线在海图上绘成直线（等角航线）。但是，在极地纬度地区这种投影效果并不好，而日晷投影能更好地应用于两极地区，可以在相距很远甚至远隔重洋的两点之间绘出一条航线。

接下来，测量人员需要确定比例尺。比例尺是表示海图上的距离与实地距离的一种量度，比例尺越大，表示的信息越细致。商船对小比例尺海图感兴趣，因此从 A 地到 B 地尽可能考虑经济航行，而军舰则正好相反，它需要具有全世界详细信息的大比例尺海图，以保证在任何未预知的区域采取行动。在大比例尺海图上，需要清楚地表示河流和港口的通道，并绘制带有表示深度剖面的密集等深线，还要标出精确的礁石位置和所有已知沉船的位置。初期的海图是沿着测量船或者小艇的航迹来标注所获取水深的。

使用三角测量的概念绘制海图上的关键位置点（见第四章）是海图绘制的重要突破之一。1774 年，从奥克尼群岛开始，莫多克·麦肯齐教授采用这种方法绘制了首套较为精确的海图。现在看来，这与 26 年后开始的不列颠群岛测量无关，那时麦肯齐已经在到达齐彭布洛克郡后退休。18 世纪，苏格兰北部海域是欧洲船舶驶入大西洋的入口。于是，有人想出了一种聪明的办法，即旋转四分仪及后来的六分仪，从一侧去测量岸上两个选定地物的水平角来获取它们的准确位置，并标绘在海图上。在此之前，四分仪仅用于测量水平线以上星星和太阳的垂直角。

指南针的使用可以是主动的或被动的。"被动"是指允许船舶沿海图上标绘的驾驶航线航行，测量显著陆地要素的角度或方位，并将它们标绘到海图上，然后通过三方位交会确定船舶的位置并标绘在海图上。"主动"是指水手们首先将所需的陆地要素的实际角度测量并标绘出来，制作一幅海图草图。麦肯齐首先掌握了三脚分度仪的思想，通过用三个长度可调的直杆来同时表示三个陆地要素的方位，并交会在仪器的中心点上，以此确定船舶的唯一位置。

其他测量方法包括用枪来测量距离，即测量枪口冒火的时间和听到开火爆炸声的时间。18 世纪，作为英国朴次茅斯海军学院航海课程的一部分，库克船长曾经使用过这项技术。他在测量新西兰群岛时，更喜欢使用三角测量法，但是持续的恶劣天气极大地妨碍了他在岸上建立所需的站点。在狂风暴雨的大海上，他利用精确的六分仪水平角航位推测法完成了连续观测。这是他完成的最不平凡的测量活动之一。当时，人们利用铅锤和测绳来测量海底的深度，现在应用回声测深仪可以测量精确到半米内的水深。1802 年，马西发明了计程仪，这是一项非常有用的发明专利，它利用在铜管内旋转的三个黄铜鳍叶将航行距离记录到板上，获取持续量测经过的距离。

一、比例尺的概念

（一）比例尺的定义

比例尺又称缩尺，是指海图上某一线段的长度与地面上相应线段的水平距离之比，它决定着由实地到图形的长度的缩小程度。

（二）主比例尺与局部比例尺

1. 主比例尺

计算地图投影时，首先将地球的椭球面按一定的比率缩小，然后将其描绘在平面上。这种小于 1 的常数比率称为地图主比例尺或普通比例尺，在地图或海图上一般都有标注，如 1∶50000。

2. 局部比例尺

由于投影中存在着某些变形，投影面上各线段的长度比有等于 1、大于 1 或小于 1 的情况，因此地图上各线段的实际缩小率并不等于主比例尺，也有大于或小于主比例尺的情况。实际上，地图上每条线段都经过了两次缩放过程：一是主比例尺的缩小，二是投影时产生的变形。因此，地图上的每条线段的实际比例尺（又称局部比例尺）应为两者的乘积。

设投影长度比为 μ，主比例尺为 $\mu_0 = 1/C_0$，局部比例尺为 $\mu_1 = 1/C_1$，则有

$$\mu_1 = \mu \cdot \mu_0$$

即

$$\frac{1}{C_1} = \mu \frac{1}{C_0}$$

整理得

$$C_1 = \frac{C_0}{\mu}$$

二、比例尺的形式

比例尺的形式有对数尺、千米尺、直线比例尺。

对数尺是指配置在航海图外图廓上的一种图形计算尺，可用其进行航速、航程和航行时间三者之间的换算。对数尺是根据常用对数原理绘制的，长度约为25厘米。每幅图上有两条对数尺，分别配置在南、北外图廓线上。南外图廓线上的对数尺末端与东内图廓线取齐，下边线与南外图廓线的下边取齐；北外图廓线上的对数尺始端与西内图廓线取齐，上边线与北外图廓线的上边取齐。

根据航程等于航速与航行时间乘积的计算公式，将航行时间以分为单位转换成小时，计算公式整理后变为

航程（海里）/航时（分）= 航速（节）/60

取对数后，计算公式变为

航程与航时的对数差 = 航速与60的对数差

根据这一计算公式进行计算和展绘时，就可利用对数运算用加减代替乘除的特点，将乘除计算变为在对数尺上直接用卡规量取。

千米尺是指海图东西图廓上绘制的相应纬度地区的直线比例尺，是一种经线弧长尺，是海图上除经纬线细分尺外的另一种辅助量尺。千米尺以米制单位量测图上的距离。千米尺用于墨卡托投影航海图，绘制在东西两条纵外图廓上，其长度与东西内图廓长相等。由于墨卡托投影纬度具有渐长特性，为了适应墨卡托投影的这一特点，千米尺的单位长度不是固定的，而是随着纬度的增大而渐长的。千米尺的计算就是求出千米尺上各分划点在墨卡托投影海图上的纵坐标值。为了量算方便，千米尺上绘有细分带，《海图图式》对千米尺细分有专门的规定。例

如，在 1∶10 万的航海图上，1 千米为一个基本单位，相应地在每千米刻度处绘上一条长分划。在 1 千米中可进行等分，不会超过制图误差要求。按规定，200 米为一个细分单位，这样，每千米的细分带又等分成 5 份，细分点处相应地绘出 5 条细分划。由于千米尺的细分也随纬度而渐长，所以千米尺上高纬度的一个单位长度要略长于低纬度的一个单位长度。因此，量取图上的长度时需要在相应纬度处的尺段上进行。

直线比例尺是指用直线分划图形表示的比例尺，又称图解比例尺。用直线及其细分图形表示某一单位长度的实地距离，可用于在地图、海图和工程图上量测或者计算距离。海图上常用的直线比例尺包括：① 图廓比例尺（Border Scale），即以内图廓细分线表示的直线比例尺，它以经纬度的分为基本单位。东西两侧内图廓线又称纬度尺（Latitude Scale）、海里尺（Nautical Mile Scale），用于图上纬度 1′长等于 1 海里的距离量测。② 千米尺，又称公里尺，是指在海图东西图廓上绘制的以千米为基本长度单位的直线比例尺。③ 复式比例尺（Complex Scale），即组合式的直线比例尺，是表达局部比例尺的一种方式，常用于长度变形较大的小比例尺海图或多幅拼合的挂图，可方便于不同纬度处的长度量取。复式比例尺配置在图外或图内空白处。狭义上，直线比例尺是按主比例尺等大缩放的长度量测尺，不考虑投影长度变形。在比例尺小于 1∶8 万的海图上，一般不绘制直线比例尺。在 1∶8 万及更大比例尺的海图上，图廓间一般绘制直线比例尺，以米为单位，配置在东、西两条纵向外图廓内，长度短于东、西两条内图廓线，长 20~45 厘米，位置居中。例如，在 1∶5 万的海图上，1 厘米相当于实地 500 米，2 厘米相当于实地 1000 米。这样，直线比例尺如按每 2 厘米一个分划，就代表实地 1 千米。

附图、诸分图一般在图内绘制直线比例尺，长度为 5~10 厘米。为了量算方便，直线比例尺上绘有细分带，《中国海图图式》对直线比例尺细分有专门的规定。例如，在 1∶5 万~1∶3 万的海图上，1 千米为一个基本单位，相应地在每千米刻度处绘上一条长分划。在 1 千米中进行等分，按规定 100 米为一个细分单位，这样 1 千米的细分带又等分成 10 份，相应在细分点处绘出 9 条较小的分划。

海图上的比例尺主要有三种：数字比例尺、文字比例尺和图解比例尺。

（一）数字比例尺

数字比例尺用阿拉伯数字表示，有 $1:C$、$1/C$ 或 $\frac{1}{C}$ 等形式，其中 C 称为比例尺分母。一般标注在海图标题的下面或图廓的外面，如 1∶5000、1/5000。

（二）文字比例尺

文字比例尺以文字注解的方式表示，如图上 1 厘米相当于实地 10 千米、百万分之一等。目前，这种标注形式已很少出现。

（三）图解比例尺

图解比例尺用图形加注记的形式表示，分为以下三种。

1. 直线比例尺

置于东西外图廓，长度基本与纵图廓线等长。比例尺 1∶80000 及更大比例尺航海图、海图附图、诸分图等多用直线比例尺。由于是大比例尺海图，图幅覆盖的面积较小，长度变形很小，可以忽略不计，因此直线比例尺内的分划值的图上长度都是等长的（见图 3.3）。

图 3.3　直线比例尺

2. 千米尺

以千米表示的直线比例尺称为千米尺。军用航海图及某些特殊用途的海图多在东、西图廓外放置千米尺，其长度与东、西图廓线相等，千米尺内按不同比例尺区间进行不同的细分。由于墨卡托海图投影中纬线渐长的影响，在一幅海图内的同一条千米尺上，细分值自下而上随纬度的增高而渐长。因此，墨卡托投影航海图上的千米尺是一种特殊的直线比例尺（见图 3.4）。

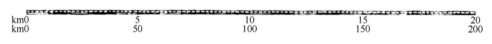

图 3.4　千米尺

3. 复式比例尺

复式比例尺常出现在小比例尺海图上。在小比例尺海图上，由于变形复杂，不同的经纬度往往有不同的变形，需要按照不同的经纬度绘制一种复式比例尺。复式比例尺是不同纬度比例尺的集合，可放在海图上的任何位置，过去又称梯形比例尺（见图 3.5）。

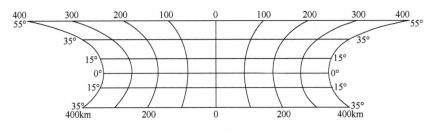

1:10 000 000 (基准纬度35°)

图 3.5 复式比例尺

第五节 海图上的计量单位是由海图坐标系确定的吗

海图所表达的内容海陆都有，其中的陆地部分就是海岸带。海岸带地理信息即海岸带空间数据，所涉及的数学基础中的一个重要方面是坐标系。当地球上的经纬网即地理坐标网投影到海图上时，其坐标首先要进行大地坐标转换，然后才有以米为单位的坐标量算和以海里或千米为单位的航程计算。

地图数学基础的第一项可以说是大地坐标系，因为它使得地图具有定位功能和可量度性。海岸带地理空间的大地测量基准体系包括两大坐标系，即平面坐标系与垂直坐标系。平面坐标系就是我们通常所说的大地坐标系。

一、大地坐标系

因为地球表面是高低不平、极其复杂的，所以这样一个复杂的表面没有办法用一个数学公式来表示。但是，地球表面的高差相对地球半径来说是很小的，因此我们抽象了一个尽可能与地球表面相吻合的形状，然后通过该形状来描述要素的真实位置。

为了得到与地球表面很好地吻合的一个抽象形状，需要进行以下抽象过程。

（一）大地水准面

大地水准面是地球表面的第一步抽象。

假设当海水处于完全静止的平衡状态时，从海平面延伸到所有大陆下部而与地球重力方向处处正交的一个连续且闭合的曲面，这就是大地水准面。

（二）椭球体

椭球体是地球的第二步抽象。

大地水准面可以近似成一个规则的椭球体。因此，根据大地水准面抽象出一个可用数学公式表达的、形状接近地球形状的规则椭球体，这个椭球体就称为地球椭球体。

（三）大地基准

椭球体仅定义了地球的形状，却没有描述与地球之间的位置关系。调整椭球体的位置，使之能拟合地球表面，这种与地球相对定位的椭球体就称为大地基准。

大地基准描述了椭球体与地心之间的关系，根据与地心关系的不同，可分为地心基准面和本地基准面。大地基准面是在椭球体的基础上建立的，一个椭球体可以定义不同的大地基准面，因此椭球体与大地基准面之间是一对多的关系。

（四）大地坐标系（地理坐标系）

大地基准确定后，就可确定大地坐标系，并划分经线和纬线，进而形成以经纬度为单位的大地坐标系。

根据基准面的选择，可以分为如下两种坐标系。

（1）参心坐标系。指经过定位与定向后，椭球体的中心不与地球质心重合，而是接近地球质心。参心坐标系又称区域性大地坐标系。1954 年北京坐标系（简称北京 54 坐标系）和 1980 年国家大地坐标系（简称国家 80 坐标系）都属于参心坐标系。

（2）地心坐标系。指经过定位与定向后，椭球体与地球质心重合。WGS84 与 CGCS2000 都属于地心坐标系。

（五）投影坐标系

大地坐标系以经纬度为单位，是一个不可展开的曲面。但是，现实中往往需要在坐标系上进行距离、面积的测量，这时就需要将坐标系从曲面变换为平面，并将坐标值单位从度转换为长度单位（例如米），经过变换得到的以长度为单位的平面坐标系被称为投影坐标系。

投影坐标系是最终结果，中间进行投影变化的过程和方法不同，最后得到的投影坐标系也不同。因此，一个地理坐标系可以对应多个投影坐标系，但是一个投影坐标系只能对应一个地理坐标系。

（六）1954 年北京坐标系

20 世纪 50 年代，在我国天文大地网建立初期，鉴于当时的历史条件，采用了克拉索夫斯基椭球元素（$a = 6378245$ 米，$f = 1/298.3$），并与苏联 1942 年普尔科沃坐标系进行联测，通过计算建立了我国大地坐标系，定名为 1954 年北京坐标系。其大地点高程以 1956 年青岛验潮站求出的黄海平均海平面为基准。这一坐标系在国家经济建设和国防建设的各个领域中发挥了巨大的作用，且会在今后相当长的时期内继续使用。

1954 年北京坐标系存在一些明显的缺点。例如，克拉索夫斯基椭球体与 1975 年国际大地测量协会推荐的地球椭球（ICA-75 椭球）相比，其长轴约长 105 米，现在利用激光、多普勒和卫星测高等新手段确定的地球椭球长半径的误差约为±2 米；1954 年北京坐标系所对应的参考椭球面与我国大地水准面存在着自西向东的明显系统性倾斜，在东部地区高程异常最大达+65 米，在全国范围内平均为 29 米，这样必然会给理论和实际工作带来诸多不便。

另外，1954 年北京坐标系由于是按局部平差逐步提供大地成果的，因此也出现了一些矛盾和不够合理的地方。为此，1978 年 4 月经全国天文大地网平差会议决定，后经批准在开展全国天文大地网整体平差前，建立 1980 年国家大地坐标系。

（七）1980 年国家大地坐标系

1980 年国家大地坐标系的建成取得了良好的结果，它是多点定位的，且定向明确。大地原点在我国中部地区，推算坐标的精度比较均匀。大地原点高程是以 1956 年青岛验潮站求出的黄海平均海面为基准的。

但是，从技术和应用方面考虑，1980 年国家大地坐标系还存在几个问题。

（1）椭球大小。1980 年国家大地坐标系采用的椭球是 IAG1975 椭球，其椭球长半轴 a 为 6378140 米，比现在国际公认的或 GPS 定位中采用的相应值大 3m。

（2）椭球定位。1980 年国家大地坐标系不是地心坐标系，而由（中国）局域高程异常最佳符合方法定位。

（3）椭球短轴的指向。1980 年国家大地坐标系采用指向 JYD1968.0 极原点，与国际上包括 GPS 定位中通用的椭球短轴的指向 BIH1984.0 不同。随着科学技术的发展，原来定义我国大地坐标系的物理和几何常数均已有了更新和改善，且随着空间和信息技术及其应用的飞速发展,以及经济的全球化,我国单纯采用局部、二维、低精度、静态的大地坐标系作为大地基准所带来的不协调的矛盾会越来越多。

(八)地方独立坐标系

由于实用、方便和科学的目的,地方独立测量控制网建立在当地的平均海拔高程面上,并以当地子午线作为中央子午线进行高斯投影求得平面坐标。这些地方独立测量控制网都有自己的原点、自己的定向,都是以地方独立坐标系为参考的。而地方独立坐标系则隐含着一个与当地平均海面海拔高程对应的参考椭球。该椭球的中心、轴向和扁率与国家参考椭球的相同,其长半径则有一个改正量。这个椭球称为地方参考椭球。

二、各大地坐标系间的转换

平面基准的变换包括不同参心大地坐标系之间的转换、参心大地坐标系与地心大地坐标系之间的转换,以及大地坐标系与高斯平面坐标系之间的转换等。

例如,1954 年北京坐标系、1980 年国家大地坐标系、WGS84 和 ITRF 四种坐标系的地球椭球参数如表 3.1 所示。

表 3.1 地球椭球参数

参 数	长半轴/米	扁率(无量纲)
1954 年北京坐标系	6378245	1/298.3
1980 年国家大地坐标系	6378140	1/298.257
WGS84	6378137.0	1/298.257223563
ITRF	6378136.49	1/298.25645

不同的地球椭球元素,不同的椭球定位和定向,将产生不同的大地坐标系。不同坐标系的坐标,通过一定数学模型的转换参数,在一定的精度范围内可互相转换。1954 年北京坐标系和 1980 年国家大地坐标系中的点的坐标,更多的是将其投影至高斯-克吕格投影平面,以平面坐标形式表示,即用 x,y 表示,以控制地形图测图。1954 年北京坐标系和 1980 年国家大地坐标系是两种参心大地坐标系。显然,同一个点在不同参心坐标系中的高斯-克吕格平面直角坐标是不同的,研究其相互变换具有一定的现实意义。这种转换的变换过程为

$$(x_1, y_1) \Rightarrow (L_1, B_1) \Rightarrow (X_1, Y_1, Z_1) \Rightarrow (X_2, Y_2, Z_2) \Rightarrow (L_2, B_2) \Rightarrow (x_2, y_2)$$

进行两个不同空间直角坐标系之间的坐标转换时,需要求出坐标系之间的

转换参数。转换参数一般是利用重合点的两套坐标值，通过一定的数学模型进行计算的。当重合点数为三个以上时，可以采用布尔萨七参数法进行转换。坐标变换公式为

$$\begin{bmatrix} X \\ Y \\ Z \end{bmatrix} = \begin{bmatrix} X' \\ Y' \\ Z' \end{bmatrix} + \begin{bmatrix} T_X \\ T_Y \\ T_Z \end{bmatrix} + \begin{bmatrix} D_S & R_Z & -R_Y \\ -R_Z & D_S & R_X \\ R_Y & -R_X & D_S \end{bmatrix} \begin{bmatrix} X' \\ Y' \\ Z' \end{bmatrix}$$

式中，X,Y,Z 和 X',Y',Z' 为两组直角坐标；T_X,T_Y,T_Z 表示坐标平移；R_X,R_Y,R_Z 表示绕3个坐标轴的转动；D_S 表示尺度的不同。

各坐标系之间的转换参数可在维持这些坐标系的机构的官方文件中找到。

对于不同的大地坐标系的换算，除了上述七个参数，还应增加两个转换参数，即两个大地坐标系所对应的地球椭球参数（$da,d\alpha$）。不同大地坐标的换算公式又称**大地坐标微分公式**或**变换椭球微分公式**。

第六节　海图基准面对水深数值的影响是什么

地形图的高程系统、海图的高程与深度基准都是我们所讨论的垂直基准。有些论著对垂直基准与高程基准不加区分，而实际上，由于陆地高程和海洋深度有不同的垂直坐标参考面，形成了陆地上垂直坐标参考面的高程基准和海洋上的深度基准。因此，垂直基准包括高程基准和深度基准。为了与平面基准相区别，有时将高程基准、深度基准、统一的高程/深度基准通称为**垂直基准**。

由于测量手段和表示方法的不同，海图以离散的水深数据和少量等深线表示海底地貌形态，而陆地地形图以连续的等高线表示陆地地貌。陆海图同时存在1956黄海高程基准与1985国家高程基准。地形图上的海部要素依据相应海图转绘，与海图无明显的不一致。海洋深度在地形图和海图上都以统一的深度基准面起算。只是深度基准面在各地的沿海不尽相同。因此，在应用不同时期、不同地点的陆海图资料时，存在地形图之间、海图之间以及陆海图之间的高程基准不一致、深度基准不一致以及高程/深度基准不一致的问题。为了海图与陆图的合理拼接和地貌形态的统一描述，海底地形图的高程基准与陆地地形图的高程基准一致已成为一项基本要求并获得广泛共识。目前，将其统一到一个基准面需要用现代大地测量的手段逐步解决，切实可行的做法是研究它们之间的转换关系。

一、陆地高程基准

（一）定义与现状

长期以来，人们一直把平均海面作为高程起算面，因为平均海面可以由一个或多个长期验潮站在某个时期内的观测值以某种形式取平均而获得，用它来定义区域性的垂直基准直接且方便。例如，欧洲统一水准网（西欧）采用阿姆斯特丹长期平均海面，美国采用波特兰平均海面，东欧一些国家采用波罗的海平均海面等，我国采用黄海平均海面（青岛大港）。

地面点的高程通过水准测量的联测而得到，但是这样定义的高程基准将随位置与时间的不同而不同。用现代大地测量方法可以将地球上的点位和重力值精确测量到毫米和 10^{-8} 米/秒^2 量级，因此用平均海面作为大地水准面在精度上已不相适应。平均海面和大地水准面之差被称为海面地形。海面地形的存在，使各国高程基准之间产生了差异，最大值约为 2 米。如北美基准（NAD）1983、欧洲基准（ED）1979 和 EUREF1989、南美基准 SIRGAS、韩国基准 KRF1994 以及我国的黄海基准 1985 等，虽然都有严格的定义，但都不在同一个重力等位面上。

历史上，我国的高程基准比较混乱，各地分别采用单独的验潮站平均海面作为各自的高程基准，例如用青岛、大沽（最低潮面，因此用深度基准面作为高程基准）、废黄河口、大连、吴淞（低潮面）、坎门、罗星塔和珠江口（低潮面）基准等。1954 年建立了黄海平均海水面系统，系由青岛和坎门两站平均海面综合建立。1956 年以后统一采用黄海高程系统，1956 黄海高程系统由 1950—1956 年青岛大港验潮站逐时平均海面获得。1987 年后启用新高程系统——1985 国家高程基准（简称 85 高程基准），它采用如上验潮站 1952—1979 年的资料，取 19 年的资料为一组，滑动步长为 1 年，得到 10 组以 19 年为一个周期的平均海面，然后取平均值作为最终结果。

我国的 1985 国家高程基准是通过青岛基准验潮站的平均海面定义的，这个局部基准与全球基准的关系很少研究。我国学者依据海洋环流模式和大地水准测量获取的中国近海平均海面高度分布，首次提出我国的 1985 国家高程基准在全球平均海面之上 27.4 厘米，中国沿岸海面南高北低。我国地域大，海岸线长，因此在我国不同地区曾使用过不同的高程基准，如广州地区曾采用珠江基准，它和青岛国家基准的关系目前以 0.586 米的常数差值来处理，是否合理也未得到检验。

我国的高程系统是一种局部高程系统，与相邻国家的高程系统相比，或者与以全球大地水准面为基础的高程系统相比，可能有米级的差别。因此，与邻国和地区（如亚太地区）的地形图、GIS、DTM 等做较大比例尺的拼接时，往往出现矛盾。从长远和发展的观点看，测定我国黄海 85 高程系统和全球大地水准面的差别是必要的。

（二）各高程基准的关系

所谓高程基准的关系，有的是指某一高程基准面或原点与另一高程基准面或原点间的高度关系，有的是指由于工作需要，两个不同高程基准推算的同一点或若干点高程间的关系。无论哪种关系，都不是单一因素决定的。除地壳垂直运动外，一般影响这种关系的因素可归结为如下几点：起始数据不同；观测值本身不同；使用的观测值范围不同；观测值的各种处理（包括改正数与平差）不同。

下面给出各种旧高程基准与黄海高程基准的差值。大连高程基准与黄海高程基准的基点差数平均值为-0.027 米；大沽高程基准与黄海高程基准的基点差数平均值为+1.217 米（均为平均值）；废黄河高程基准与黄海高程基准的基点差数平均值为+0.130 米；吴淞高程基准与黄海高程基准的基点差数平均值为+1.630 米；坎门高程基准与黄海高程基准的基点差数平均值为-0.228 米或-0.237 米；珠江高程基准与黄海高程基准的基点差数为-0.370 米～-0.720 米。

以 1956 年黄海高程系推算出青岛水准原点的高程为 72.289 米，以 1985 年国家高程基准推算出青岛水准原点的高程为 72.260 米，因此，在使用不同高程基准的地图之间转绘资料，就会遇到高程基准面改正问题。改正方法如下：

$$H_{黄} = H_{新} + \Delta h$$

式中，$H_{黄}$ 是 1956 年黄海平均海面上的高程，$H_{新}$ 是 1985 年高程基准面上的高程，Δh 是改正系数（值为 0.029 米）。

二、海洋深度基准

（一）深度基准定义

以上讨论了陆地垂直基准的定义及现状，而垂直基准的另一方面——海洋垂直基准的定义则有很大的不同。在海洋水深测量的定位、测深与水位控制三方面工作中，需要将瞬时水深归算到某个稳定的高程或深度基面，这些面通称海洋垂直基准。

深度基准面是表示海洋深度的起算面，在平均海面以下，它与平均海面的距离称为基准深度。与高程基准相比，深度基准要复杂得多，没有统一的定义，不但各国基准不统一，而且同一国家的不同海域也不统一，同一海域的不同历史时期也不统一。海图深度基准面的基本意义是，根据当地潮汐变化幅度选定接近但略高于最低潮面的一个假想位置，同时顾及航海保证率和航道利用率。这些定义的基准只在基本确定原则上有一定的一致性，即定义为接近但不低于实际可能出现的最低潮面，既保证航行安全，又顾及航运的使用率。

从全球角度讲，海洋的垂直坐标可以与陆地高程基准一致，以实现陆地和海洋固体地球表面空间地理信息数据的统一。而就海洋开发和海上其他活动而言，人们更关心水深，即水层厚度，而不是高程。对于测深计算，等位面基准并不是十分重要，因此，海图深度基准面（相对于平均海面）迄今为止一直作为基本的参考面。

（二）海图深度基准面模型

世界各沿海国家根据测图所在的海域的潮汐性质，选择不同的数学模型来计算深度基准面。国际上常用的海图深度基准面数学模型包括：理论深度基准面、平均低低潮面、最低低潮面、大潮平均低低潮面、印度大潮低潮面（略最低低潮面）、平均海面、平均低潮面、大潮平均低潮面和赤道大潮低潮面。20 世纪 80 年代初，英国启用了最低天文潮面（LAT），对不同的潮汐类型显示了更好的普适性和意义一致性；1995 年 4 月，国际海道测量组织潮汐工作组召开会议，讨论了国际海道测量组织会员国深度基准面向 LAT 统一的基准定义修正提案。我国的深度基准面，1957 年前多采用略最低潮面，1957 年后多采用理论最低潮面，1976 年后统一采用理论深度基准面。理论深度基准面顾及的分潮较多，基本上适合我国海域的潮汐性质，保证率在 95%以上。

深度基准的极值意义可从两个不同的侧面来考察：一为深度基准极值潮面意义的函数极值特性，表示在各点所得的深度基准面均由相同的计算公式获得，根据相同的函数表示获得的基准值；二为概率意义下的一致性，即各点深度基准面具有相同的航海保证率，因为深度基准面本身并不由概率算法计算，所以很多学者的验证计算表明，在一定的海区，概率意义下的一致性是难以满足的。

深度基准面是海图所载水深数据的起算面，又称海图深度基准面。

海面受潮汐等因素的影响。在水深测量中，不同时刻所测同一点的水深数据不同，需要改正到统一的起算面，即深度基准面。深度基准面是在全面考虑船舶航行安全和航道利用率的原则下，根据潮汐特性确定的。在无潮海中，一般采用平均海面。在有潮海中，各个沿海国家和地区采用不同的深度基准面。

深度基准面在限定的海域内通过长期潮汐观测和选定的数据模型计算求出，以当地平均海面与国家统一高程基准联测，通常选定在当地多年平均海面下某个距离 L 的位置上，如图 3.6 所示。确定深度基准面既要考虑船舶航行的安全，又要考虑航道的利用率，并且应该位于平均海面以下，接近最低潮位置的特征潮面。世界沿海国家根据其海域潮汐的特性，采用不同的计算公式来确定 L 值的大小，因此有各种深度基准面，如理论最低潮面、平均低低潮面、最低低潮面、大潮平均低低潮面、略最低低潮面、平均低潮面、大潮平均低潮面等。中国自 1956 年起，采用理论最低潮面（理论深度基准面）作为深度基准面。

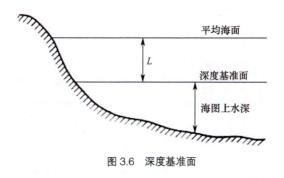

图 3.6 深度基准面

在航海应用中，通常通过查算潮汐表来获取所需时刻的潮高，与海图深度值相加，即可得到该时刻的实际水深。当深度基准面和潮汐高度基准不一致时，则需要另加改正数。

海图的高程基准面和深度基准面总称海图基准面。海图上各要素的高度一般从高程基准面向上起算，而深度则从深度基准面向下起算。

三、海图上各种起伏要素的起算

海图上航标的灯高是从大潮高潮面向上起算至灯光中心的距离，这样便于在船舶上直接测量灯高。

各种地形、地物的高程、明礁高度从高程基准面向上起算（见图 3.7）。

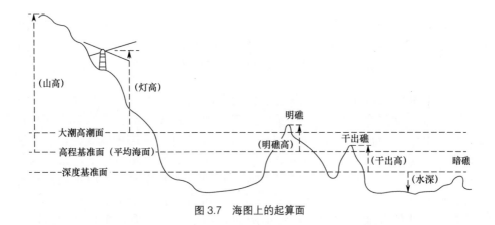

图 3.7　海图上的起算面

礁石采用不同的基准面：明礁的高程从高程基准面起算，干出滩（礁）的高度从深度基准面向上起算，海底及水下障碍物的深度从深度基准面向下起算，暗礁的深度从深度基准面向下起算。适淹礁是位于深度基准面以上的礁石（见图 3.8）。

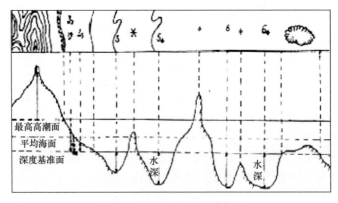

图 3.8　礁石采用不同的基准面

由此可见，海图上的基准面不但决定了海图上的安全水深，而且决定了礁石的性质。

第七节　海图的分幅和编号对用图者有何影响

一、什么是海图分幅

制作大面积海图时，一张图纸可能容不下整个大制图区域，这时就需要将制图区域分成若干块,每块区域绘制在一张图纸上,称为一幅海图。确定每块制图区域实际上就是分幅。

(一)海图分幅的概念

海图分幅(Chart Subdivision)是指在制图区域内划定海图图幅的技术方法,是海图编辑设计中的重要环节(见图 3.9)。与地图分幅不同,海图分幅的最大特点是图幅灵活、图幅重叠和地理单元完整。

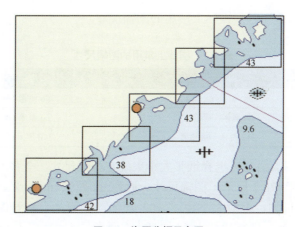

图 3.9 海图分幅示意图

(二)单幅图和成套图

海图分幅涉及单幅图和成套图的分幅问题。

单幅图一般是指全张或对开标准规格幅面,具有相对完整的图廓整饰和标题的图幅。这种海图具有独立的使用价值。

成套图是指相对某一区域,比例尺相同、相互重叠(或相接)、连续的单幅图的总称。分幅时,既考虑整个制图区域,又考虑每幅图。

二、影响海图分幅的因素有哪些

影响海图分幅的因素主要有图幅规格、制图比例尺、制图区域特点、海图用途等。

(一)海图的用途

海图的用途是影响海图分幅的首要因素。因为海图是为满足用户需要的,所以海图分幅时应首先考虑海图的用途，即用户需求。

（二）图幅规格（尺寸）

海图的图幅规格主要指纸张大小。纸张太大时，会造成浪费；而当纸张太小时，在比例尺不变的情况下，又难以包全制图区域。海图的图幅尺寸是指海图内图廓线以内部分的尺寸，又称图积。由于海图图廓外边留有一定的空白，因此海图图纸的纸张尺寸略大于图幅尺寸。

表 3.2 所示为长期以来国际上常用的图幅尺寸。

表 3.2　国际上常用的图幅尺寸

规　格	横　幅	直　幅
全张	98 厘米×68 厘米	96 厘米×68 厘米
对开	68 厘米×48 厘米	66 厘米×48 厘米
长幅	112 厘米×68 厘米	110 厘米×68 厘米

分幅时，制图人员通过选择纸张大小来确定图幅尺寸。全张海图图纸的标准尺寸为 109.2 厘米×78.7 厘米，图幅尺寸一般为 98 厘米×68 厘米，特殊情况下图幅尺寸可以略微扩大，但最大不超过 102 厘米×70 厘米。对开图的纸张尺寸为 78.7 厘米×54.6 厘米，图幅尺寸为 68 厘米×46 厘米。

（三）制图比例尺

确定海图的图幅规格后，制图比例尺的大小就决定了制图区域面积的大小。比例尺越大，得到的图上面积越大；比例尺越小，得到的图上面积越小。

（四）制图区域的地理特点

为了完整反映某一地理特点，如制图区域大小、形状和岸线，以及航线的走向等，往往要调整比例尺（纸张一定时），或者调整纸张尺寸（比例尺固定），对于系列航海图，还要考虑到所用的图幅数量。

三、如何进行海图分幅

（一）海图分幅的基本原则

海图因用途、形式等的不同，对其进行分幅的原则、规律和方法也不相同。下面以常见的航海图为例，介绍分幅的基本原则。

(1) 保持地理单元的相对完整。也就是说，制图区域内的港湾、锚地、岛屿、水道、航线，以及附近的障碍物、助航设备等，尽可能地在相应的图幅内保持完整。
(2) 海陆面积分布适当。在充分满足航海需要的基础上，尽量减少图上的陆地面积。一般情况下，陆地面积不宜大于图幅面积的三分之一。
(3) 同比例尺航海图之间应有一定的重叠（叠幅部分），范围一般不超过图幅面积的四分之一，宽窄不窄于 10 厘米，但在大洋区可窄于 10 厘米，甚至边接边。
(4) 尽量减少图幅的数量，采用多种图幅形式，以便充分利用有效幅面。为方便航海使用，少设计直幅图幅和对开图幅。

（二）海图分幅中的定向

按图面方向，海图图幅方向有横幅、直幅和斜幅三种。

横幅：横图廓长度大于纵图廓长度（$a>b$）。

直幅：横图廓长度小于纵图廓长度（$a<b$）。

斜幅：对于墨卡托投影海图，其经线和纬线与内图廓线斜交。

（三）海图分幅中的定结构

1. 单幅图

在一张图上，只有一个标题和完整图廓整饰的图幅具有独立的实用价值，它突出了海图用途对制图区域完整性的要求，主要相对成套图而言。

2. 主附图

面积小，不宜单独作图的图幅可以附图形式配置在主图的适当位置，配有附图的图幅称为主附图［见图 3.10(a)］。当制图区域内包含的港湾、码头、锚地、岛屿等地理单元需要放大时，可放大表示，附图比例尺大于主图比例尺。扩大或补充制图区域时，常放置比例尺比主图比例尺小的附图。当一幅图内需要用到不同的投影时，以主附图的形式安排图面。

3. 拼合图［见图 3.10(b)］

海图图幅较小时，可将两幅海图拼在一幅图上，以节省图幅数量，提高经济效益。各分图的比例尺可以不一致,标题或图名也可以不同。

4. 诸分图 [见图 3.10(c)]

将某一地理区域的多幅小图拼在一幅图上。

5. 开口图 [见图 3.10(d)]

开口图又称破图廓。当制图区域内的重要地物、航标在分幅时不能包括在内图廓线里,且比例尺或图幅范围不能调整时,可间断图廓来表示这些要素。

6. 拼接图 [见图 3.10(e)]

拼接图又称移图。将狭长的水道、海峡或海岸线走向与图廓斜交时,常常出现陆地面积过大的现象。为了有效利用图幅面积,将制图区域截成两部分拼在一幅图内,两部分图幅之间有一定的叠。比例尺相同,图名以甲、乙编号。这类图幅称为拼接图。

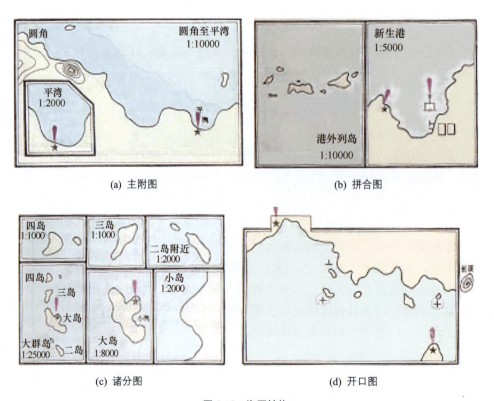

图 3.10 海图结构

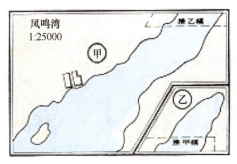
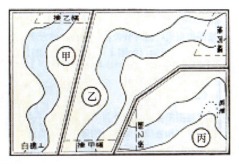

(e) 拼接图

图 3.10　海图结构（续）

四、什么是海图编号

海图图廓的四个角上都有一串特殊的数字，这些数字垂直于图廓，且字头朝向图内。这些数字是什么？这是海图的编号（或图号）。

（一）海图编号的基本概念

海图编号（Chart Numbering）是指海图图幅的代号，一般用阿拉伯数字和字母按一定的规律排列，便于海图分类保管和检索（见图 3.11）。

图 3.11　分布在海图图廓四个角上的编号

（二）海图编号的常见方法

世界各国对海图图幅的编号方法各有不同，形成了多种编号方法。按图幅编号的位数分类，有 1~2 位数编号，也有 5~6 位数编号不等；按图号每位数代表的意义分类，有指地理区域的，也有指比例尺的。多数国家除航海图外，对其他专用海图，编号一般是在数字前缀字母或者后缀字母，如 Y5022。即使同一个国家，不同时期的海图、不同品种的海图也有不同的编号方法。我们 1981 年前对军用海图、民用海图、国外地区海图和外轮用海图，以及江河图、海图集等各自采用一套编号方案。

随着海图制图技术的发展，我国海图的制图区域已扩大到全球范围，海图的品种和图幅数量也在逐年增加。从 1981 年开始，我国制定了新的海图编号方案，该方案规定：① 非航海用图，用不同的数段表示不同种类的海图；② 同一范围的不同种类图幅可用同一图号加不同英文字母的前缀来区分；③ 航海图分区编号，将全球海域分成 9 个大区，每个大区又分成 5~9 个二级区，编号的前 1、2 位数字代表所在的大区、二级区号。这种编号既顾及了全球海区，又考虑了所有品种海图的长期使用。

五、我国海图是如何编号的

海图编号的目的主要是便于查询和保管。每幅海图都有一个编号，一般用 1~5 位阿拉伯数字表示。每幅海图的编号都是独一无二的，就像我们的指纹、DNA、身份证号码一样。此外，同一类海图之间还应存在相关性，因此为海图编号是一项系统、庞杂的工程。

（一）世界海洋的分区编号

我国将世界海洋分为 9 个大区，用阿拉伯数字 1~9 表示；每个大区又进一步分为 5~9 个二级区（亚区），围绕大陆顺时针方向编号。

"1"为中国海区，下设 8 个二级区：11，渤海及黄海北部；12，黄海中部及南部；13，东海北部；14，东海南部（包括台湾海峡及台湾东岸）；15，南海北部沿岸至琼州海峡西口；16，海南岛沿岸及北部湾；17，西沙、中沙群岛海域；18，南沙群岛海域。

"2"为东南亚海区，下设 5 个二级区：21，越南东岸及泰国湾；22，菲律宾；23，班达海及阿拉弗拉海附近；24，爪哇海及望加锡海峡附近；25，马六甲海峡及苏门答腊南岸。

"3"为东北亚海区，下设 5 个二级区：31，俄罗斯远东；32，朝鲜半岛；33，日本—日本海沿岸；34，日本—太平洋沿岸；35，日本—九州南部及琉球群岛。

"4"为北美洲海区，下设 9 个二级区：41，夏威夷群岛和美国太平洋沿岸；42，加拿大太平洋沿岸、阿拉斯加南岸及阿留申群岛；43，阿拉斯加北岸和加拿大北冰洋沿岸；44，格陵兰；45，大湖区及加拿大大西洋沿岸；46，美国东南岸；47，加勒比海东北部诸群岛；48，墨西哥湾及加勒比海西南岸；49，中美洲和墨西哥太平洋沿岸。

"5"为南美洲海区，下设 5 个二级区：51，南美洲北部大西洋沿岸；52，巴西东南沿岸；53，乌拉圭、阿根廷大西洋沿岸；54，智利；55，南美洲北部太平洋沿岸。

"6"为大洋洲海区，下设 7 个二级区：61，密克罗尼西亚；62，美拉尼西亚；63，波利尼西亚；64，新西兰；65，澳大利亚东岸；66，澳大利亚南岸；67，澳大利亚西、北岸。

"7"为印度洋和南极洲，下设 5 个二级区：71，孟加拉湾；72，阿拉伯海、波斯湾及红海；73，非洲东岸；74，印度洋岛屿；75，南极洲。

"8"为非洲西岸及地中海，下设 6 个二级区：81，非洲西南岸；82，非洲西北岸；83，地中海西部；84，地中海中部；85，地中海东部；86，黑海。

"9"为欧洲西部及俄罗斯北部海区，下设 6 个二级区：91，欧洲大西洋沿岸；92，冰岛；93，英吉利海峡及北海；94，波罗的海；95，挪威海；96，俄罗斯北冰洋沿岸。

（二）普通航海图的编号

1. 世界海洋总图、大洋总图的编号

世界海洋总图、大洋总图的比例尺小于 1∶1000 万，一幅海图完全可以涵盖一个亚区，而对于大区、亚区的划分数量又都控制在一位数。因此，世界海洋总图和大洋总图编号就采用 2 位数字进行表示，如××，其中，第一位为大区号，第二位为亚区号。

2. 海区总图的编号

海区总图的比例尺为 1∶300 万～1∶1000 万，该类海图采用 3 位数字编号，如×××，其中，第一位为大区号，第二位为亚区号，第三位为数字 0～9。

3. 航行图的编号

航行图的比例尺为 1∶10 万～1∶299 万，该类海图采用 5 位数字编号，如×××××。按照离岸距离及海图的用途不同，航行图又可细分为远洋航行图、近海航行图、沿岸航行图三种。

(1) 远洋航行图的比例尺区间为 1∶100 万～1∶299 万。第二位数字为 0，其他数字为 1～9，如×0000～×0×××。

(2) 近海航行图的比例尺区间为 1∶20 万～1∶99 万。当比例尺为 1∶50 万～1∶99 万时，编号为××000～××0××（第三位数字为 0，其他数字为 1～9）；当比例尺为 1∶20 万～1∶49 万时，编号为×××00～××××0×（第四位数字为 0，其他数字为 1～9），如 12200。

(3) 沿岸航行图的比例尺为 1∶10 万～1∶19 万，编号为××××0，第五位数字为 0，其他数字为 1～9。

4. 港湾图的编号

港湾图的比例尺均大于 1∶10 万，故在采用 5 位数字编码时，5 位数全不为 0，如×××××。

（三）专用航海图的编号

罗兰—A 双曲线格网图：LA×××××。

罗兰—C 双曲线格网图：LC×××××。

近程导航图：DJ×××××。

救生艇用图：SB×××××。

渔业用图：F×××××。

九九格网图：N×××××。

（四）其他海图及航海书表的编号

挂图编号：四位数，第一位数字为 0，如 0×××。

航路指南：A××××。

航海天文历、天体高度方位表：B××××。

港口资料：D××××。

航标表：G××××。

海洋水文气象资料类：H××××。

各种航海参考图集：J××××。

航海图书目录：K××××。

(五) 海图的顺号

为了方便海图用户查阅图号，海图编号时还要考虑顺号问题。顺号包括地理顺号和比例尺顺号两种。

1. 顺号的两种情况

地理顺号是指围绕大陆或岛屿顺时针方向依次编排图号；比例尺顺号是指对比例尺大于 1∶100 万的航海图按比例尺依次编排图号，例如将比例尺为 1∶75 万的海图 11000 内的第一幅 1∶30 万图编排为 11100，将海图 11100 内的第一幅 1∶15 万图编排为 11110，将海图 11110 内的第一幅港湾图编排为 11111，将海图 11111 内更大比例尺的港湾图编排为 11112。这样，当船舶进港航行时，换图次序就依次为 11000、11100、11110、11111、11112，便利查找和应用海图。

2. 图号中为什么有时带有字母后缀

考虑到有些海区以后会不断制作新图，因此应在该海域留出足够的空号。如果当时预留的空号不足，新编海图无号可用时，可用前一幅图的图号加上英文字母 A、B、C 等后缀编号，如 11032、11032A、11032B 等。

3. 跨区海图如何编号

编制跨越中国海区和邻近海区的海图时，若包含中国某个较完整的海域，则不论其在图中占多大比例，都要按照中国海区进行编号。

编制跨越其他两个大区或二级区的海图时，按图幅所占面积较大的区域进行编号，或者按照主要航行区域进行编号。

小　结

按一定的数学法则，将地球椭球面上的经纬线转换到海图平面上的理论与方法，是海图绘制的科学基础，也是学、识、用海图过程中用到的最直观、最有趣味的数学知识。本章介绍了海图的投影、比例尺、坐标系、高程系统（基准面）、制图网、分幅编号等海图使用的数学知识，以帮助读者学会正确识图和用图。主要内容包括：①海图常用投影（墨卡托投影、高斯-克吕格投影、日晷投影等）；②海图比例尺；③海图坐标系；④海图基准面；⑤海图分幅和编号。

04 海图地理要素的内容和用途有哪些

海图标识的内容为海岸、海滩和海底地貌，海底基岩和沉积物，水中动植物，水文要素等自然要素，以及灯标、水中管线、钻井或采油平台，航道、界线等人文要素。概括起来，海图上的自然和人文要素统称海图地理要素。本章将从介绍海洋地理要素的图形符号表示方法、人文故事等着眼，宣传普及海洋文化知识。

第一节 海岸是陆地与海洋的分界吗

海岸带是指陆地与海洋相接的区域，通常包括从陆地上升到海洋的沿海平原、海滩、沙丘、海岸悬崖、岬角等地貌特征，以及与海洋相互作用的海浪、潮汐、海水侵蚀等自然过程。海岸带是陆地和海洋之间的过渡地带，具有丰富的生物多样性和重要的生态功能，不仅是海洋生物的栖息地和繁殖场所，而且是人类活动的重要区域，涵盖了渔业、旅游、沿海城市发展等多个方面。由于受到海洋侵蚀和气候变化等因素的影响，因此海岸带也是一个脆弱的生态系统，需要得到保护和管理。

海岸线是海陆分界线，是任何海图上的重要要素。在大比例尺航海图上，海岸分成岸线和海岸性质两部分表示。岸线是指平均大潮高潮面时的水陆分界线，海岸性质是指海岸阶坡的组成物质及其高度、坡度和宽度等。在大比例尺海底地形图和登陆、抗登陆用图等海图上也详细表示海岸性质，而在其他海图上常常只表示岸线。习惯上将海图的地理要素以海岸线为界分成海部要素和陆部要素两大类。

一、海部要素

海岸以下的要素，在不同种类的海图上差别很大。

在航海图上，主要有下列要素。

（1）干出滩——海岸线与干出线（零米等深线）之间的海滩地段称为干出滩，相当于地理学中的潮浸地带，高潮时淹没，低潮时露出。干出滩由岩石、泥、沙等不同物质构成，有起伏的地貌形态，是人类活动较频繁的海域之一。

（2）海底地貌——海底表面的起伏形态和土质。各种天然的航行障碍物（如礁石、浅滩、海底火山、岩峰等）也属于海底地貌范畴。

（3）航行障碍物——除天然礁石、浅滩等外，人工航行障碍物主要有沉船、木桩、钢管（钻井遗物）、爆炸物、失锚等。

（4）助航标志——分成航行目标和助航设备两类。航行目标是指从海上可望见的有明显可辨特征的、航行时能借助用于导航定位的各种地物，如突出山头、烟囱、无线电塔、海角、海中岩峰等。助航设备是专为航行定位设立的，如灯塔、灯桩、浮标、立标、信号台（杆）等。

（5）水文要素——主要指潮流、海流、潮信、急流、漩涡及冰情要素等。

此外，还有航道、锚地，海底管线（油管、电缆等），水中界线（港界、锚地界、禁区及其他区界），境界线等。

在航海图上表示的内容虽然比较详细，但是会突出与航海有关的要素，非航海要素则比较概略。而海底地形图上的海部要素更具全面性和完备性，不仅航海图上的要素一般均要表示，而且比航海图表示得更详细，如海底地貌的表示，要表示出航海图上不表示的小块负地貌和微地貌形态，还应表示水底沉积物、海藻和海草等动植物、运输和通信等内容。当然，航海图上一些航海特殊需要的要素，在海底地形图上不一定表示，如方位圈、潮信表、对景图、对数尺等。

二、陆部要素

海图上陆部要素的种类与地形图的基本一致，也有水系、居民地、道路网、地貌、境界线等。航海图上除土壤植被一般不表示外，其他要素均要表示，但载负量小得多，而港口、航行目标等与航行有关的要素则比地形图更详细。其他专题海图的陆部要素表示得更简略。

第二节 干出滩与海洋的关系是什么

干出滩（Intertidal Areas）是海岸线与零米等深线之间的区域，又称潮间带、潮滩，是潮浸地带，高潮时淹没，低潮时露出。简单地说，干出滩是指潮水退去后，海滩上暴露出来的一片陆地。

干出滩按性质通常分为六种：沙滩、泥滩、磊石滩、岩石滩、珊瑚滩、树木滩。沙滩、泥滩属于软性滩，磊石滩、岩石滩、珊瑚滩属于硬性滩。为保障航行安全，各种比例尺的海图上均应准确表示干出滩。干出滩的性质采用对应的图形符号表示。表示方法有符号法和文字注记法。岩石滩、珊瑚滩用相应的符号表示，其他性质的干出滩则用范围线加相应注记的方法表示。软性滩上的硬性滩应予表示，硬性滩上的软性滩不表示。双重滩按向海一侧的性质表示。

图 4.1 中显示了干出滩的海图表示。

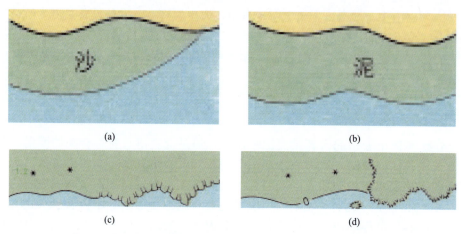

图 4.1 干出滩的海图表示：(a)沙滩；(b)泥滩；(c)岩石滩；(d)珊瑚滩

位于岬角、水道口、航线附近的岩石滩、珊瑚滩，必要时可夸大表示。孤立干出滩一般不舍去。小岩石滩、珊瑚滩等硬性滩，可用不依比例尺的干出礁符号表示。干出滩的干出高度从海图深度基准面起算。选取干出高度时，优先选取最高和能反映坡度变化的干出高度，并注意均匀分布。当干出滩上有干出航道时，应先选取能反映航道深度的干出高度，以显示干出航道的通航能力。孤立干出滩干出高度应予以表示。干出滩上的小岛、明礁应表示，比例尺缩小后，近岸者可舍去。软性滩上的干出礁应表示，但不注干出高度；硬性滩上的干出礁不予表示。

在海洋系统中，干出滩扮演着重要的角色，为海洋生态系统的平衡和稳定发挥着积极的作用。

（1）在生态环境方面，干出滩为海洋生态系统提供了一个独特的环境。海滩上的沙地、岩石和潮池等地貌特征为各种生物提供了栖息和繁殖场所。许多海洋生物如螃蟹、贝类、海星等在干出滩上寻找食物和保护自己。

(2) 干出滩是滩涂生态系统的重要组成部分。滩涂是海洋与陆地交汇的过渡地带，具有非常丰富的生物多样性。滩涂的植物和浮游动物可为海洋食物链提供重要的营养物质。另外，干出滩对海洋生物的生命周期和种群动态也具有重要影响。一些海洋生物的繁殖和孵化过程需要依赖于干出滩提供的环境条件。例如，海龟的产卵和孵化过程就需要利用海滩上的干沙区。

(3) 干出滩可以减缓海浪的冲击，起到保护海岸线的作用。海滩上的沙丘和植被可以防止海岸被侵蚀，维护海岸形态的稳定。

第三节　海底地形以什么样的方式进行表示

海图上通常使用等深线来表示海底地形。等深线是连接相同水深点的线，类似于地图上的等高线，如图 4.2 所示。等深线的间距通常是固定的，比如每隔 10 米或者每隔 100 米画一条等深线。

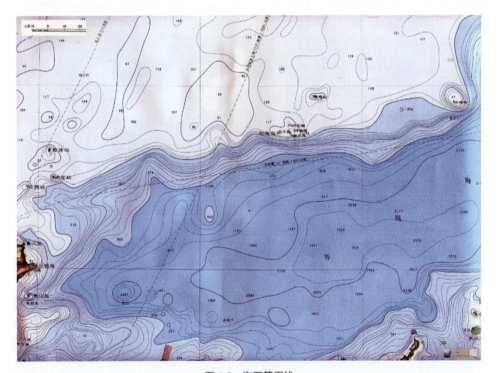

图 4.2　海图等深线

在海图上，等深线的密度和形状会根据海底地形的复杂程度和重要性进行调整。在水深变化较大或者海底地形复杂的地区，等深线更密集，以便更准确地描述地形的细节。

此外，海图还可以使用颜色渐变来表示不同水深的区域。通常，深水区域使用深蓝色或紫色表示，浅水区域则使用浅蓝色或绿色表示。这种渐变色的使用可以直观地反映海底地形的高低变化。

除了等深线和颜色渐变，海图上还可以标注一些特殊的地貌特征，如海底山脉、海沟等。这些标注可以帮助海图用户更好地理解海底地形的特点和结构。海底山脉是由岩浆从地壳裂缝中涌出形成的，其特点是脊状的地形。而海沟则是由板块碰撞形成的深海槽，通常位于陆缘地区。

在海图上绘制某些特殊海底地形时，还可以使用如下方式。

1．剖面图和剖面线

除了地形剖面图，海图也可使用剖面线和剖面图来显示特定区域的海底地形剖面。这些剖面图和剖面线通常显示水深和地形高度随距离的变化，提供更详细的地形信息。

2．地形颜色渲染

除了使用颜色渐变来表示水深变化，还可使用地形颜色渲染来显示海底地形的高度和形状。例如，使用不同的颜色来表示海底山脉、海沟、平原等地貌特征，以便更直观地了解地形的分布和特点。

3．地形标签和注释

海图上可以添加地形标签和注释，以说明特定地区的地貌特征。这些标签可以包括山脉名称、海沟深度、海底平原等信息，为用户提供更详细的地形描述。

4．海底数字地形模型和数字水深模型

使用计算机技术，可以创建真实的三维海底地形模型，即利用三维地形模型来表示海底地形——海底数字地形模型（Digital Submarine Terrain Model）和数字水深模型（Digital Depth Model，DDM）。这类模型可在电子海图或虚拟海图上呈现，使用户能够以更直观的方式观察和理解海底地形的形状与特征。

（1）海底数字地形模型是海底表面高低起伏形态数字化表达的有序信息集合，是数字地形模型（Digital Terrain Model，DTM）在海洋中的拓展，如图 4.3 所示。米勒和拉弗拉姆于 1958 年在解决道路计算机辅助设计时，首次提出了数字地形模型的概念。之后，相继出现了许多其他相近的术语，最典型的如数字高程模型（Digital Elevation Model，DEM）。DEM 通过有限的地形高程数据实现对地形曲面的数字化模拟，是地形表面形态的数字化表示。相对 DTM 这种泛指地形表面自然、人文、社会景观的模型来说，DEM 是以绝对高程或海拔来表示地形的模型。随着 DEM 的应用向海洋延伸，拓展出了海底 DEM 这一概念。由于对海底主要关注其高低起伏的地形信息，多用海底 DEM 而少用海底 DTM 的概念，海底 DEM 就是海底 DTM。

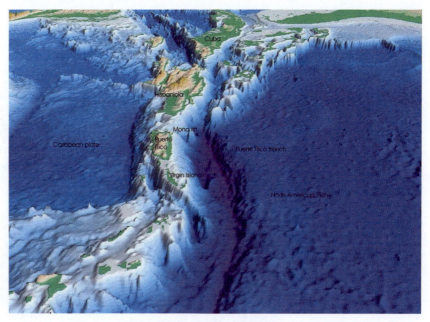

图 4.3　海底数字地形模型

海底 DEM 通常可用三种主要的结构形式来表示：不规则三角网结构、规则格网结构和等线结构。不规则三角网结构是用一系列互不交叉、互不重叠的方式连接在一起的三角形来表示地形表面的，其优点在于保持了原始采样点，可以很好地顾及各种地形特征点和特征线等；规则格网结构将海底地形曲面划分成一系列规则格网单元（通常为正方形），每个格网节点对应一个水深值，格网节点的水深值则根据分布在格网周边的原始资料采用插值方法得到，或者直接由规则格网的采样数据得到，具有数据结构简单的优势；等深线模型则采用一系列等深线集合来表达海底地形表面的起伏变化，优点在于表达直观，易于理解地表特性的变化规律。海底 DEM 在海洋经济建设、海洋科学研究和海战场环境建设等领域都有较多的应用。但是，由于行业内缺少统一的规范和要求，在应用海底 DEM 概念时，很多的时候都是从形式上用水深来简单地替换 DEM 的高程，用等深线来替代 DEM 的等高线，而较少考虑水深与高程在垂直基准、数值方向等含义上的差异性。

（2）数字水深模型是通过特征水深数据实现海底表面形态数字化表达的有序信息集合，如图 4.4 所示。

图 4.4 数字水深模型

为了数字化表达海底地形表面的起伏变化，可将陆地测绘领域所用的 DEM 直接引入海洋测绘领域，建立海底 DEM。由于海图水深基准与陆地上的高程起算基准在内涵和确定方法上都存在较大的差异，水深模型在构建与应用层面有其自身的特殊性，使用 DDM 概念来表达海底水深的起伏变化，并不是 DEM 在海洋上的简单套用，而是顾及了水深与高程在高程基准、数值方向表示上的不一致性及其所表示的地理空间含义的不同。国际海道测量组织在 2008 年颁布的《国际海道测量规范 S-44》（第 5 版）中明确定义了测深模型，即用一组平面坐标和深度来表示海底地形的变化。为了更好地体现海洋水深与陆地高程在用词上的对应性，使用 DDM 来表达海底水深的起伏变化。

第四节 航行障碍物与航行事故

航行障碍物（Navigation Obstruction）是指水域中有碍船舶航行安全的物体，通常称为碍航物，又称航行危险物，是海图上必须表示的重要内容。航行障碍物数据的获取方法有扫海测量、测深仪加密测量和潜水员水下探摸等。航行障碍物的存在可能对船舶的航行路径、速度和安全产生重大影响。

航行障碍物的种类多种多样，按其性质可分为如下几种：① 自然障碍物，主要有礁石、浅滩等。② 人为障碍物，主要有沉船、捕捞设备、水下残留桩柱及水上养殖场等。岩石和礁石位于水下或水面下，可能对船舶造成碰撞和搁浅的危险；沉船和残骸可能潜伏在水下，对航行船舶造成撞击和破坏；海上建筑物，如灯塔、平台、桥梁等，可能干扰船舶的航行路径；海洋生物，如珊瑚礁、浮游生物等，可能对船舶的舵机和螺旋桨造成破坏。

航行障碍物的表示方法可分为符号法和文字注记法。

1. 符号法

符号法用点、面符号表示障碍物的性质和范围等，可分为如下几种。

（1）点状符号法。依比例尺或非比例符号相应地表示障碍物。
（2）区域表示法。对区域性分布，用实线或点虚线标出障碍物的范围。
（3）加绘危险线的方法。当障碍物孤立存在或深度较小而危险性较大时，为明显起见，常在障碍物符号之外加绘危险线。

2. 文字注记法

文字注记法用文字或数字注记说明障碍物的种类、性质、深度等内容，可分为如下几种。

（1）符号加注记。用符号配合文字或数字注记来表示障碍物的性质、高度等内容。

(2) 深度加文字注记。用已测得的深度数字加文字说明表示。

(3) 只用文字说明。当资料不详细、无具体位置、没有指明性质且舍去符号时，只用文字注明大概情况。航海图上对航行障碍物的表示，既不能因错绘或漏绘航行障碍物而造成航海事故，又不能因表示过多障碍物而使图面混乱，降低可航水域的价值，堵塞航道而影响船舶的正常航行。

航行障碍物可能引发各种航行事故，导致船舶的碰撞、搁浅与污染物泄漏等。

船舶碰撞事故是指船舶与障碍物（如礁石、浮木、沉船等）发生碰撞，导致船体破损、沉没或人员伤亡。例如，2007年，在意大利的克鲁尼岛沉船事故中，船舶撞上了礁石，造成多人死亡和大量环境污染。下面给出几个船舶碰撞事故的案例。

【案例 1】

2007年1月13日晚，一艘名为 Costa Concordia 的豪华邮轮在意大利托斯卡纳群岛海域沉没，造成船舶严重损坏和多人伤亡。

当时，Costa Concordia 游轮载有约 4200 名乘客和船员，在进行巡航航行时，离开原定航道，不幸发生沉船事故。据事后调查，船长弗朗西斯科·斯基特诺试图表演一次船舶悬挂转弯。然而，他错误地判断了游轮的位置和距离，导致其撞上了名为 Scoglio delle Scole 的岩石。

撞击造成船体严重倾斜和破裂，导致游轮失去浮力并开始下沉。游轮上的乘客和船员陷入混乱和恐慌之中，游轮上的应急疏散系统和程序也未能有效地应对事故。许多人在混乱中试图逃生，有的跳入冰冷的海水，有的被困在船舱内。

船长斯基特诺被指责为事故的直接责任人。他未能迅速发起疏散指令，延迟了疏散过程。此外，事故后他早早离开了游轮，这被视为对船员和乘客安全的严重疏忽。斯基特诺后来被判处16年监禁，罪名包括多项过失杀人和船舶失事。

事故的后果是灾难性的：造成32人死亡，多人受伤。游轮也严重损坏，悬挂在托斯卡纳群岛的海岸线上。

这起事故引起了对船舶安全和应急响应能力的广泛关注，揭示了对乘客安全和船舶事故管理的重要性。事故促使了对航行规则的修订和对船员培训的加强，以提高航行安全性。此外，事故还强调了船长和船员在船舶事故中的责任与义务，以及迅速而有效的疏散和救援措施的重要性。

【案例2】

2008年3月27日凌晨1时左右，从宁波舟山港镇海港区空载驶往天津的Q轮与金塘大桥发生触碰，造成60米长、3000吨重的桥面箱梁塌陷，Q轮艏桅断裂，雷达桅倒塌，驾驶台严重变形，4名船员死亡。事故调查显示，船舶使用未及时更新的海图，错误制定计划航线，以及驾驶员疏忽瞭望、谨慎性不足是事故发生的主要原因。该案例警示我们，船务公司及船员必须做好航前安全检查工作，及时落实整改船舶缺陷问题；在航行中，驾驶员应保持高度警惕，切忌主观盲目做出判断。案例回放如下。

3月27日0025时，Q轮在宁波舟山港镇海港区卸空后离泊。此时，船艏吃水2.4米，船艉吃水5.2米，艏桅高度24.4米。12分钟后，该船驶出甬江口，船舶航向为070度，航速约7节。00:55时，该轮在距离甬江口2海里处，将航向调整至339度，随后以约14节航速定速航行。01:05时，该轮又将航向调整至355度。

01:14时左右，船舶行驶至金塘大桥附近，主机减速至前进一，航行速度减至10节左右。1分钟后，该轮艏桅及驾驶台先后与金塘大桥箱梁发生触碰。此时，船舶航向约360度，航速10节左右。金塘大桥E19-E20桩位之间的箱梁脱落后压置于该轮舱面和驾驶台部位，Q轮停止前进。

海图未更新、疏忽瞭望致事故发生。此次事故造成4名值班船员全部死亡，故无法全面核实当事人事发前的航行措施，根据调查获取的相关证据材料分析，航用海图未及时更新，值班驾驶员疏忽瞭望、谨慎性不足是本次事故发生的主要原因。

调查显示，Q轮使用未经更新的海图、错误制定计划航线是事故发生的重要原因。据了解，金塘大桥主通航孔及相关导航标志已于2007年2月1日零时起正式启用，但该轮本航次使用的图号为13381的2005版航用海图并未及时按照航行通告做出相应的更新，即未准确标识出金塘大桥及其通航桥孔的位置，致使船舶制定的计划航线偏离主通航孔近1海里。

其次，Q轮船员在没有完全掌握金塘大桥通航条件的情况下，违规穿越大桥非通航孔，是导致事故发生的直接原因。据了解，该船艏桅高度24.4米，减去本航次船艏吃水2.4米，艏桅实际高于水面约22米；驾驶台罗经甲板高度21.8米，减去本航次船艉吃水5.2米，实际高出水面约16.6米。而事故桥段箱梁零水位高度不足18米，减去当时潮高2.92米，实际高度不足15.1米，艏桅和驾驶台实际高度均大于非通航孔的实际高度，船舶显然无法正常通过。船舶在驶近大桥时，由于船员疏忽瞭望加之谨慎性不足，未重新核实桥梁主通航孔的位置和通航净空高度，船舶盲目过桥导致与大桥发生触碰。

针对此次安全事故，中国海事局高级海事调查官、国际海事调查论坛助理主席吴延国表示，船务公司及船员必须高度重视海事部门安检发现的缺陷问题并及时落实整改；驾驶员在船舶航行过程中应保持高度警惕，切忌主观判断、盲目做出决定。他对本次事故的点评如下：

  航前安全措施的准备和落实是保障船舶航行安全的重要环节。船舶应根据航行通告变化，及时对航海图书资料进行更新，并依据最新有效的图书资料制定准确的计划航线。根据调查情况了解到，当地海事机构曾于 2007 年 11 月 14 日对该轮进行安全检查，在安检报告中已开列"海图 13399 未改正"这一缺陷项目，但船舶所有人和船员并未予以足够重视，未对其海图进行自查更新，由此导致触碰事故发生。以此为鉴，船务公司及船员应对海事部门安检发现的缺陷予以足够的重视，并举一反三，自行做好航海图书资料等的更新检查工作，避免再次出现因海图更新不及时而导致事故发生的情况。

船长和值班驾驶员应加强瞭望，航行途中要保持足够的谨慎和戒备。船舶在驶近大桥时，船舶驾驶人员应提前确定桥梁通航孔的位置，并详细掌握本船净空高度、桥梁通航净空高度等相关数据，对船舶能否安全通过大桥做出准确及时的判断，切勿盲目过桥。

保持安全航速是船舶航行的基本要求。安全航速下，船舶遇到紧急情况能及时采取减速、停车、倒车等应急措施，一定程度上可减轻事故损失。

除了船舶碰撞事故，容易发生的还有船舶搁浅事故，即船舶遇到浅滩、沙洲或其他水下障碍物而搁浅。这可能导致船舶结构损坏而无法自行脱困，需要救援或进行拖航。还会导致污染事故，船舶与海上障碍物碰撞，如油罐船与礁石碰撞，导致油箱破裂，发生油污染事故。这会对海洋环境和生态系统造成严重破坏，并可能影响海岸线和海洋生物。例如，1999 年，法国的埃克塞瓦尔号油轮撞上了一块岩石，泄漏了大量石油，导致沿海地区受到污染。

第五节 助航标志与海上交通规则

助航标志是以促进船舶安全、高效航行为目的设计的，是在船舶之外运行的一种装置、系统或服务，又称航标。随着航运的发展，天然标志如山峰、岛屿等渐渐不能满足船舶航行的需要，航标就是在这种情况下逐步发展起来的。助航标志由航行标志、信号标志和专用标志三类组成，是海图的主要内容之一。

助航标志按照设置地点和工作原理可以划分为多种类型。

助航标志按照设置地点可分为：① 沿海航标。建立在沿海和河口地段、引导船舶在沿海航行及进出海港、港湾和河口的航标。② 内河航标。设置在江、河、湖泊、水库航道上的助航标志，用以标示内河航道的方向、界限与碍航物，为船舶航行指示安全的航道。

助航标志按照工作原理可分为：① 视觉航标。又称目视航标，能使驾驶人员通过直接观测迅速辨明水域，确定船位，安全航行，是使用最多、最方便的航标。目视航标常常颜色鲜明，以便白天观测；发光的目视航标可供日夜使用。常见的目视航标有灯塔（见图 4.5）、灯桩、立标、灯浮标、浮标、灯船、兰比、导标、扇形灯、日标牌和交通信号等。② 音响航标。能发出规定响声的助航标志，可在雾、雪等能见度不良的天气中向附近船舶表示有碍航物或危险。常见的音响航标有雾号（见图 4.6）、雾笛、雾钟、雾锣、雾哨、雾炮等。③ 无线电航标。利用无线电波传播特性向船舶提供定位导航信息的助航设施。常见的无线电航标有雷达反射器、雷达指向标、雷达应答器、无线电指向标、罗兰 A、罗兰 C、船舶交通管理系统（VTS）、船舶自动识别系统（AIS）。

图 4.5　上海吴淞口灯塔

另外，从存续时间上讲，还有一类永久性航标。永久性航标的位置、特征、灯质、信号等，在航标表中有详细记载和说明。海图上依据比例尺和用途等，有选择地表示航标符号，标注名称和特征。航标应结合海图使用。

图 4.6　雾号

航标类型多样，也意味着其在海上活动中的角色同样多样。航标对支持水运、渔业、海洋开发和国防建设等具有重要作用。航标的作用是辅助引导船舶安全、经济和便利地航行。为了实现航标的作用，航标一般具有四项功能：① 定位功能，确定船舶所在的位置；② 危险警告功能，标示航道中的危险物和碍航物；③ 确认功能，确认船舶相对航标的距离和方位；④ 指示交通功能，指示船舶遵循某些交通规则，如分道通航制、深水航道和装载危险货物船的专用航道。

助航标志与海上交通规则有密切的关系，具体如下。

（1）共同为航行者提供导航和航行安全的指引。提供导航信息，助航标志在海上充当指示航道、标示障碍物、标识安全水域等导航作用。

（2）帮助航行者确定航道的位置、方向和安全范围，以便船舶能够遵循特定的航行路径。

（3）确定船舶行驶规则，海上交通规则（COLREGS，即国际海上避碰规则）是为了确保船舶在水上交通中保持安全和避免碰撞而制定的规则，助航标志的存在和位置对于确定航行规则至关重要，例如助航标志的颜色和形状可以指示船舶应当如何绕行，避让或谨慎通过。

（4）指示优先权与限制，助航标志也用于指示船舶之间的优先权和限制，例如航标的颜色和光闪烁模式可以告知船舶在特定情况下应当采取的行动，如避让其他船舶、限制通行速度等。

（5）辅助海上监控和交通管制，助航标志的存在和位置信息可以辅助海上交通监控和交通管制，通过监控助航标志的状态和位置，相关机构可以确保船舶在合适的航道上航行，遵守交通规则和安全要求。

（6）助航标志为航行者提供导航信息，帮助确定航行规则和行动，以确保航行的安全性和秩序。航行者需要遵守助航标志的指示和海上交通规则，以确保船舶之间的安全距离和避免与航行障碍物发生碰撞风险。

有的助航标志位于航行障碍物附近，以提供航行引导和警示信息。船舶通过观察和识别助航标志，可以确定自身的位置、航向和航行速度，并避开潜在的危险区域。但由于有的助航标志就位于航行障碍物附近，因此助航标志有时也可能会变成航行障碍物，如灯塔。

助航标志会被标注在航海图上。这些标注提供了船舶在航行过程中的导航指引。船舶可以通过航海图上的助航标志标注，确定自身位置和航向，并沿着正确的航道航行。航行障碍物也会被标注在航海图上。这些标注告诉船舶在航行时应该避开的危险区域。船舶可以根据航海图上的标注规划航线以绕过这些障碍物，确保船舶航行的安全性。航海图上还会标注航道和航线，这是为了帮助船舶选择最安全和最有效的航行路径。船舶可以根据航海图上的航道和航线，规划航行路线，确保船舶按照预定的航线进行航行，避免误入危险区域。另外，航海图还可以提供一些实时信息，如潮汐、水深、海流等。这些信息对船舶的航行非常重要，船舶可以根据这些信息做出相应的调整，以应对不同的海况和环境。

为确保航行障碍物和助航标志在全球范围内的一致性和可用性，国际海事组织（IMO）制定了一系列国际标准和规范。例如，国际助航标志和信号手册（IALA）是国际上最重要的助航标志和信号规范，它提供了统一的标志和信号系统，以确保船舶能够正确识别和遵循助航标志的指示。IMO 还规定了高级浮标标准（AIS）的使用，这是一种基于卫星导航和自动识别系统的技术，可以提供更准确的位置和导航信息。

随着科技的进步和全球导航卫星系统的迅速发展，全球定位系统（GPS）、全球导航卫星系统、伽利略卫星导航系统、北斗卫星导航系统和差分卫星定位系统为世界范围的定位、导航和授时提供了可能，已广泛应用于航海领域和航标领域，既是一种导航手段，又提升了传统视觉航标的服务范围、功能和精度，为监控和更加有效地管理视觉航标提供了技术手段。

第六节　海洋水文与大航海时代

海洋水文观测（Marine Hydrographic Observation）是指对海洋水文要素量值、分布和变化状况进行的测量或调查，目的是了解海洋水文要素运动、变化或分布规律。它以船舶、水面浮标、飞机、卫星为载体，按规定时间在选定的海区、测线或测点上布设或使用适当的仪器设备，进行海流等观测项目的数值测量或进行海冰等水文要素分布状况调查，内容包括水深、潮位、海流、波浪、盐度、水温、泥沙、海冰、水色、海水透明度、海发光等。

海洋水文学科的进步与大航海时代的发展息息相关。大航海时代是指从 15 世纪末到 17 世纪初，欧洲国家开始进行大规模海洋探险和殖民活动的历史时期。这一时期的主要特点是欧洲各国探险家和航海家通过航海探险，开辟了新的航路、发现了新的陆地，同时这些探险活动也助力了航海家和科学家对海洋的科研活动。

1492 年，克里斯托弗·哥伦布率领西班牙舰队向西航行，希望找到一条通往东方的新航路。虽然他最终抵达了美洲大陆而非亚洲，但这次航海仍然是大航海时代的重要里程碑，为后来的海洋探险开辟了道路。1519 年，葡萄牙航海家费尔南达·麦哲伦率领西班牙舰队开始了历时 3 年的环球航行。这次航行证明了地球是圆的，并且完成了首次环球航行。1538 年，英国航海家约翰·卡布特率领船队在探索东南亚贸易路线的过程中发现了霍尔木兹海峡。这一发现揭示了连接印度洋和波斯湾的重要航道。这些标志性的故事和事件不仅推动了海洋探险和殖民活动的发展，也为海洋地理知识的积累做出了重要贡献。通过这些航海探险，探险家和航海家们绘制地图、记录日志，记录了新发现的岛屿、河流、海洋流动等海洋地理特征，为后来的航海活动和地理研究提供了宝贵的资料。

最早的海洋水文调查可追溯到 18 世纪初的英国。当时，英国皇家海军开始在全球范围内进行水文测量，主要关注航行和海战所需的水文信息。1768—1779 年，英国航海家詹姆斯·库克进行的海洋探险活动，取得了大量表层水温、海流、大洋测深等科学考察资料。

19 世纪是海洋水文调查的重要发展阶段。随着科学技术的进步，各国开始进行更系统和更全面的海洋水文观测。出于为海洋科学发展提供实测数据资料和科学依据的目的，开始出现依靠"单船走航"方式进行的海洋调查活动。1831—1836 年，英国皇家海军贝格尔号调查船完成的环球探险活动，是历史记载最早、最著名的单船走航式海洋调查活动。1872—1876 年，英国挑战者号考察船完成的环球科学考察被誉为"近代海洋学奠基性调查"。在此期间，各国科学家研制了大量的水文观测仪器。1874 年，英国人涅格罗齐和赞不拉研制出颠倒温度表，实现了对较深层海水水温的观测。

20 世纪初，海洋水文调查得到了更多国家和机构的重视。各国开始建立海洋水文观测站和实验室，进行长期的观测和研究。同时，随着航海技术和测量设备的进步，测量数据的质量和准确性得到了显著提高。1905 年，瑞典物理海洋学家埃克曼研制出埃克曼海流计，它是第一种机械旋桨式测量海流的仪器，能测量一定时间内海水的平均流速和流向，由此，海流观测告别了漂流瓶观测海流的原始方式，具备了对从表面到较深层进行分层海流观测的技术。大量各类不同用途水文观测仪器的研制，促进了水文观测技术的快速发展。海洋水文观测活动也从仅作为海洋调查活动的一部分，发展成为海洋测绘行业的分支技术。

20 世纪中叶以后，随着科学技术的迅速发展，海洋水文调查进入了一个新的阶段。观测项目基本随调查任务而定，观测目的更加明确。航空遥感、卫星遥感、自动观测装置等新技术的应用，使得海洋水文观测仪器设备更加轻便，海洋水文观测也更加精确和高效。此外，国际合作和海洋调查项目的开展，促进了全球范围内的海洋水文研究与数据共享。水文观测活动中的观测方法和载体更加多样化。各沿海国家在各海域建设了大量的专业验潮站和海洋环境监测站，尤其是水文气象综合监测浮标式监测站，使得人类对海平面的变化、潮流运动特征及波浪等水文要素，实现了长期、全天候、连续观测和数据实时传输，并积累了大量宝贵资料。

大航海时代对现代航海有着深远的意义，从多方面影响了现代航海的发展。

（1）大航海时代推动了航海技术和导航方法的技术进步发展。为了应对长途航行和未知海域的挑战，探险家们不断改进航海工具和技术，如航海仪器、天文导航、水文测量等。这些技术和方法的进步为现代航海提供了基础，并且在导航、定位和安全方面发挥着重要作用。

（2）大航海时代通过探险家和航海家的努力，大大扩展了人们对地球的认知。新大陆的发现、新航路的开辟以及对海洋地理特征的记录，为现代航海提供了宝贵的地理知识基础。这些知识对于航线规划、海洋资源开发和航行安全都至关重要。

（3）大航海时代推动了全球贸易与经济的全球化。通过新航路的开辟和殖民地的建立，欧洲国家与亚洲、非洲和美洲进行了广泛的贸易活动，带动了经济繁荣和文化交流。这为现代航海业的发展奠定了基础，并促进了国际贸易与合作。

（4）大航海时代促进了科学与技术的进步。为了应对航海探险的需求，人们进行了许多科学观察和实验，如天文学、地理学、气象学和水文学等。这些探索推动了科学方法和技术的发展，为现代航海科学提供了基础。

（5）大航海时代促进了不同地域和文化之间的交流与融合。航海家们的探索和殖民活动带来了不同文明的接触和交流，推动了艺术、文学、科学和哲学等领域的发展。这种文化交流对于航海者的心理素质、船员的多元化和跨文化交流的能力都产生了深远的影响，也对现代航海业的国际化发展起到了促进作用。

当然，大航海时代对海洋水文调查的发展更是起到了重要的推动作用。通过海洋地理知识的积累、水文测量技术的改进和海洋测量数据的积累，人们对海洋的认识和理解得到了大幅提升，为后来的水文观测和研究提供了重要的基础。

现代海洋水文观测按照观测区域，可分为海滨观测和海上观测两大类。

（1）海滨观测指在沿海、岛屿、平台上实施的观测。海滨观测主要可分为三种方式：① 单要素观测。为观测单一水文要素设立的长期连续观测站（如潮位观测站、波浪观测站），以沿岸或近岸建站为主，采用便于维护、性能稳定的自动仪器作为观测设备进行观测。② 综合性观测。为同时观测多个水文要素而设立的长期连续观测站，通常采取沿岸建站或利用观测浮标建站的形式，采用多种自动仪器作为观测设备进行观测。③ 临时站观测。为海洋工程科研、设计、建设提供基础水文数据实施的观测活动，实际观测项目随调查任务而定。以船舶、浮标、潜标等为载体，在计划的时间内采用适当的观测仪器完成指定海域上具有代表性的单站或多站同步观测，每次进行一昼夜以上的连续观测。一般选择三次符合良好天文条件的周日连续观测。

（2）海上观测指在远离海岸的海区实施的观测，多用于海洋调查类的观测项目。海上观测可分为三种方式：① 采取随测随走的方式，进行大面观测或断面观测，即在调查海区布设若干观测站或几条有代表性的若干观测站组成的断面，每隔一定时间（一个月或一个季度）在各观测站或断面上观测一次。② 连续观测和同步观测，即在调查海区布设若干有代表性的观测站，按任务要求在每个观测站上或在多个观测站上同时进行一昼夜以上的连续观测。③ 综合立体监测，用位于水下、水面和空中的载体搭载观测仪器对相关水文要素进行观测。

现代海洋水文观测按照观测方法，可分为直接观测和遥感观测两大类。

（1）直接观测是指利用仪器设备直接测量水文要素特性。观测原理是仪器中的感应元件在水文要素变化时产生的物理、化学性质变化，利用两者间的变化关系和技术手段转换成可直接测量形式。直接观测仪器按结构原理分为五类。① 声学式。如声学测深设备、声学多普勒海流剖面仪、声学测波仪、声速仪等。② 光学式。如光学测波仪、浊度仪等。③ 电子式。如电磁海流计、投弃式深温计、投弃式温盐深计等。④ 机械式。如转子式海流仪、浮子式验潮仪等。⑤ 其他形式。用于波浪观测的测波杆、加速度计测波仪，用于海水透明度观测的塞式盘，用于潮汐、波浪观测的压力式潮位仪和压力式潮波仪，集多种观测功能于一体的仪器（如温盐深浊度剖面仪）。直接观测的仪器安装或作业方式分为固定式、悬挂式、拖曳式、自返式和投弃式等。固定式观测将观测仪器固定安装于观测平台上，按预先设定的参数采集观测数据。观测平台为岸基平台（如海洋环境监测站、验潮站、海洋站等）、海面平台（如海洋石油平台、海上风电塔等）和海床基观测平台等。悬挂式观测利用观测平台上的绞车、吊杆等工具将观测仪器放入水中，在锚系或走航状态下观测水文要素。观测平台为水面船舶或浮标。拖曳式观测以水面船舶为观测平台，在船尾利用拖缆将观测仪器放入水中拖曳走航观测。自返式观测以潜航设备为观测平台，观测时潜入水中，观测结束后自动浮出水面。投弃式观测以水面船舶为观测平台，观测时将其传感器部分投入海中，测量的数据通过导线或无线电波传递到船上，传感器用后不再回收。

（2）遥感观测利用仪器无接触、远距离地探测并记录海洋的电磁辐射信息，通过分析所探测到的电磁辐射信息，以获得海洋水文要素的时空分布状况。观测原理是仪器发射、接收电磁波，利用电磁辐射信息与海洋水文要素和环境条件之间的内在关系，提取或反演海洋水文要素特性。遥感观测系统平台分为岸基平台、空基平台和天基平台。岸基平台在海岸或海上平台设立雷达站，雷达站发射工作波段的电磁波，经过海面反射后接收其回波信号，通过分析处理后获得观测数据，常用于中、长期对目标海域的表层海流、波浪、潮汐等水文要素进行观测。空基平台以飞机、飞艇、热气球为载体，携带遥感探测仪器接收海洋对太阳辐射的反射电磁辐射信息，通过分析处理后获得影像资料或观测数据，常用于海底地形、海水水温、水色、海冰等水文要素的一次性观测或定期观测。天基平台以人造地球卫星、空间站等航天器为载体，遥感探测方式与空基平台相同，只是其可探测面积更大、适用范围更广。

观测数据的整理分析是海洋水文观测的重要环节，按时效分为实时资料处理和非实时资料处理两类。实时资料处理要求迅速、及时，主要通过计算机程序控制，对接收到的水文资料立即进行识别、格式检验、质量控制和分类编辑等处理后，按要求送往不同的终端提供用户使用。同时保存相关资料，供非实时资料处理使用。非实时资料处理对水文资料按要求进行整理、分析，时限要求较宽松，但对质量控制要求更严格。经整理分析形成规格和质量标准统一的数据集，以及各类报表、图形、图像等成果。

海洋水文观测活动是海洋测绘和海洋调查的重要组成部分，为海洋测量数据处理提供改正参数，编辑出版航海图、海洋水文气象预报、海洋工程的设计与建设以及海洋科学研究提供重要基础信息资料。未来海洋水文观测技术将朝高精度、快速、同步、连续、实时的方向发展，观测仪器将朝轻型化、遥测化、自动化、可移动式的方向发展，监测网络将更加多样、完善。

小　结

海图标识的内容为海岸、海滩和海底地貌，海底基岩和沉积物，水中动植物，水文要素等自然要素，以及灯标、水中管线、钻井或采油平台、航道、界线等人文要素。概括地说，海图上的自然和人文要素统称海图地理要素。本章从介绍海洋地理要素的图形符号表示方法、人文故事等着眼，宣传普及海洋文化知识，主要内容包括：①海岸；②干出滩；③海底地形；④航行障碍物；⑤助航标志；⑥海洋水文。

05 海图制图技术的先进性在哪里

海图是海洋区域的空间模型，广泛应用于军事、政治、经济和科研等领域。随着现代科技进步，海图制图技术更加先进，在一定程度上反映了测绘科学技术的发展水平。本章将通过介绍海图编辑、要素综合、数字海图、印刷、传输等使用的技术手段，在普及测绘科技知识的同时，反映科技革命在人类海洋活动、海图生产中带来的新变化。

第一节 海图编辑设计做什么

一、海图编辑设计的概念

海图编辑设计（Chart Compilation）是确定海图的内容、规格与制作方法的技术，又称海图设计，是整个海图生产过程的准备工作，是海图制图的组成部分。海图设计的基本依据是海图的用途，即在满足用户需求的前提下，顾及用图环境与方式、制图资料、制图设备及技术条件诸因素，以社会需求和可行性相统一、海图内容和形式相统一、创新与常规相统一、经济性和适用性相统一为原则，提供指导海图制作全过程的技术文件。海图设计对于保证海图的质量、选择合理的工艺流程、降低制作成本等具有重要作用。

二、纸质海图设计

纸质海图设计的主要内容如下。

（1）海图总体设计。在了解海图用途和用户需求的基础上，初步确定海图的基本规格，包括制图区域范围、海图图幅规格、图幅数量、分幅设计、图名、图号及图面配置等；确定海图的数学基础，包括选择最适当的海图投影、海图比例尺、坐标系和深度、高程基准以及计算投影成果；提出海图内容及表示方法的初步设想。

（2）确定海图的内容及表示方法。通过研究制图区域状况将海图内容和表示方法具体化。

（3）设计海图符号。确定与海图内容分类、分级相对应的符号形状、尺寸和色彩，以及注记的字体和字号。

（4）设计海图制作的工艺方案。确定从资料处理开始一直到印刷成图的整个工艺过程的技术环节和方法。

（5）撰写编辑文件。一般包括对海图的性质、用途、规格、数学基础、内容及表示、精度标准、技术方法做出基本规定。海图设计的成果是海图设计书、编辑计划和图幅编绘的要点。

三、电子海图设计

电子海图设计包括技术设计和系统设计两大部分。

（1）技术设计是电子海图设计的关键。技术设计主要包括：① 电子海图的整体设计。初步确定电子海图的形式和规格，包括海图名称、制图区域范围、比例尺和变化范围、图幅拼接与裁剪、图面规划与安排、海图的分层与分级等。② 数学基础设计。包括海图投影选择、投影变换、各种坐标系之间的相互变换，坐标网在图面上的表示等。③ 海图内容设计。确定海图表示的内容及详细程度。④ 海图符号设计。海图符号的形状、尺寸和色彩的设计。⑤ 数据存储管理设计。包括数据分类及数据结构、数据库管理系统的选择、数据采集的途径和方法，以及数据的增删、修改、更新和检索等。⑥ 显示技术设计。包括放大、缩小、漫游、图层控制等海图显示功能的设计。⑦ 图形图像处理算法设计。包括数学基础算法、图形符号处理算法、图形变换算法以及图像增强、拼接裁剪算法等设计。

（2）系统设计是电子海图设计的基础。主要包括：① 数据流程设计。即电子海图数据由输入到输出的整个流程和处理过程的设计。② 软件设计。包括系统软件的选择和应用软件的设计。③ 硬件配置设计。包括数据流程中各处理环节所需设备的选择和设计。

随着计算机技术、地理信息系统、图形图像学技术的发展，出现了计算机海图设计与生产一体化系统，海图设计正从传统的手工纸图设计发展为基于计算机的海图设计，纸质海图和电子海图的设计将越来越多地采用计算机海图设计软件进行人机交互式设计。

第二节　海图制图综合有什么

从高空观察地面时，部分小轮廓将逐渐模糊。在一定的距离内观察地图时，也会产生类似的情况，这时看到的都是比较大的、色彩鲜明的目标；而小的、颜色淡的符号则视而不见。这种视觉上对部分图形的自然消除称为消除综合。这种感受综合对研究海图的感受效果及编制海图是很有意义的。

一、海图制图综合的概念

综合一词源于法文 Generalisation，表示概括的意思，也是拉丁文 Generalis（共同的、主要的）的派生词。这是从语言来源上考究的，表达了综合一词的基本含义。

综合，作为一种方法，在自然科学和社会科学研究中都有着广泛的应用。综合是指研究任何事物都要抓住主要的、本质的东西。综合方法在海图制图中的应用即海图制图综合（Cartographic Generalization）。

（一）从不同侧面认识制图综合的实质

1. 从海图比例尺来认识制图综合

众所周知，地面现象和物体是繁杂纷纭、数不胜数的，是无限的。为了制作海图，首先必须对实地多种多样、互有差异的物体和现象加以分析，找到它们的共性，抽象成概念，进行分类、分级，并符号化表示。即使进行了符号化，任何一幅海图要将地面上的一切现象都如实地复现出来也是不可能的，除非制作与地球等大的海图。

事实上，海图的大小是很有限的，我们只能采用一定的比例尺将地面上的物体和现象表示在缩小的海图上，而且必须对地面上的物体和现象进行有目的的选择，并对所选物体的形状予以化简、概括。因此，将地面物体转换为海图符号是制图综合的基础，将较大比例尺的海图转换为较小比例尺的海图则是制图综合的重点。显然，将 1∶5 万或 1∶10 万比例尺海图上的内容全部地、不加任何化简和概括地表示到 1∶25 万、1∶50 万或 1∶100 万比例尺海图上是不可能的。这就说明，利用较大比例尺海图编绘较小比例尺海图时，也要对海图内容进行制图综合，即从资料海图上选取一部分与海图用途有关的内容，以概括的分类、分级代替资料海图上详细的分类、分级，并化简所选物体的图形。

图 5.1 形象地表现了比例尺所限定的海图要素的容量，以及由此产生的对制图要素进行简化处理的必要性。实地面积为 10 千米×10 千米的区域表示在比例尺分别为 1∶20 万、1∶50 万和 1∶100 万的海图上后，面积分别只有 5 厘米×5 厘米、2 厘米×2 厘米和 1 厘米×1 厘米。显然，要在这三种比例尺大小不等的海图上以相同的详细程度表示出实地 10 千米×10 千米面积内的制图要素是绝不可能的。即使是在很大比例尺（1∶1000 或更大）的海图上，也不可能将实地的所有要素和现象毫无遗漏地表示出来。

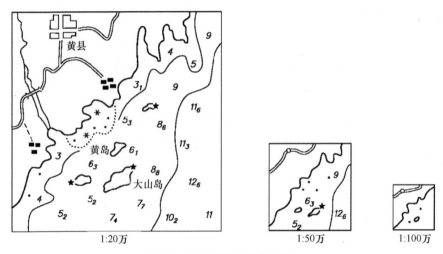

图 5.1 不同比例尺下的海图显示

由此可见，海图比例尺的存在势必引起对制图要素的取舍（选取）、概括和化简。因此，选取、化简和概括是海图比例尺对海图内容的必然要求，是制图综合的手段和方法。然而，在海图比例尺制约下对海图内容的选取、化简和概括，只体现了制图综合的表现形式，并未完全揭示出制图综合的实质。实际上，对海图内容的选取、概括和化简，绝不是随意的或机械的，而具有强烈的目的性，即海图内容的制图综合是以海图的用途、主题为出发点和归宿的。

2. 从海图主题与用途来认识制图综合

每幅海图都有其特定的制图区域并满足一定的用途要求。如果一幅海图能够包罗万象，将整个区域内的所有种类的物体和现象都表示出来，以满足社会各方面的要求，那么这自然是非常理想的；然而，事实上，这种海图是不存在的，任何一幅海图都只能满足一个或几个方面的需求，服务于一定的使用对象。因此，不同主题、用途的海图，对海图内容要素的选取、内容表示的详细程度、表示方法等都有不同的要求。也就是说，制图要素的选取、化简和概括，都必须与海图主题相适应，并满足海图用途的目的要求。因此，海图制图综合必然受到海图主题与用途的制约。例如，普通航海图与海底地形图二者之间在制图综合的诸方面有着显著不同。前者以水深注记为主、等深线为辅（水深注记密度大而等深线稀少）的方法表示海底地貌，图面清晰易读；后者则以等深线为主、水深注记为辅（等深线较密且以粗细和明暗变化来增强立体效果，水深点稀少）的方法表示海底地貌，且蓝色普染使得图面不清；前者表示航行障碍物（沉船等）和助航标志（灯桩等），以满足船舶航行的要求，而后者对此却不加以表示；前者以简单的等高线图形表示陆地地貌，而后者则以晕渲表示陆地地貌，以与海底地貌的表示相适应等。

在比例尺和主题与用途的要求下，每幅海图都有一定的制图区域，表示特定的制图要素。制图综合的任务，就是表现制图区域内制图要素的空间分布、典型特点及相互联系。

综上所述，我们不难得出这样一个结论：所谓海图制图综合，是指在海图主题和用途的要求下，在海图比例尺的限制条件下，通过选取、概括和化简等手段，将制图要素表示在海图上，以反映客观实际的某一局部（或某一方面）的基本规律和典型特征。这就是制图综合的实质。

（二）制图综合的分类

制图综合的产生主要受海图比例尺和海图主题与用途要求的制约。因此，制图综合主要表现为比例综合、目的综合和感受综合。

1. 比例综合

比例综合是按海图比例尺要求实施的制图综合。海图比例尺的缩小，使得图上的物体过分密集、符号相互拥挤、图形缩小不能清晰可见或清楚描绘，从而有必要实施选取、化简和概括等方法，保持海图的清晰易读性，这就是比例综合。

2. 目的综合

目的综合是按海图主题与用途要求实施的制图综合。制图要素表示与否及表示的详细程度取决于要素本身的重要程度，而重要程度不仅取决于要素平面图形的大小，更受海图主题和用途的制约（这是主要的）。尺寸过小的重要物体可以采用不依比例尺的符号表示或夸大表示，而不能仅仅由于其小而舍去。因此，制图综合不仅仅是比例综合，更应该强调从海图主题和用途的要求出发，选取重要的和实质性的物体（不唯其大、不嫌其小），并有目的地加以化简（或夸大）和概括，这便是目的综合。

比例综合和目的综合之间既有区别，又有联系。比例综合主要表现为舍去图形的碎部和部分次要物体，保持图形的主要特征和重要物体，注意力常在局部内容，容易忽略整个区域内要素之间的相互联系和内在规律。目的综合则以满足海图主题和用途要求为核心，突出典型的、主要的和本质的东西，揭示最一般的客观规律，这才是制图综合的真正意义。同时，由于海图用途与比例尺直接关系，因此目的综合和比例综合又是可以转化的。

3. 感受综合

感受综合是从对海图内容的视觉感受出发实施的制图综合。除了比例综合和目的综合，用图者在读图的过程中也存在因感受过程应有的自然取舍而产生的无意识的综合。人眼感觉（察觉）大的物体和色调清晰的符号要比小的轮廓和色调不清楚的符号快，而且容易记忆。这种因视觉和记忆等因素而产生的无意识的综合称为感受综合。感受综合由记忆综合和消除综合两部分组成。读图时人们的注意力自然集中在那些图斑大的、色彩鲜明和形状结构特殊的符号与区域上，并将它记录在人们的记忆中；而对一些细小的内容则逐渐模糊和遗忘。这种由记忆而自然形成的结果称为记忆综合。从高空观察地面时，一部分小轮廓会逐渐模糊，在一定距离内观察地图时也会产生类似的情况，这时看到的都是比较大的、色彩鲜明的目标；而颜色淡的小符号则视而不见。这种视觉上对部分图形的自然消除称为消除综合。这种感受综合对研究海图的感受效果及编制海图都很有意义。

二、海图制图综合的基本原则

海图制图综合是将制图区域缩小并简化地表示在图上的过程。但是，这种简化并不是简单的、随意的或机械的，而是科学的和富于创造性的，因此要遵循一定的原则和要求。这些原则体现在海图编辑设计和编绘的每个环节中，有着重要而具体的意义。海图制图综合的总原则是：制图综合的一切方法、规则和指标等，都应以满足海图主题和用途要求为出发点与归宿。

（一）海图内容详细性与清晰易读性相统一

海图内容详细性是相对海图主题和用途而言的，它有两方面的含义：其一是指要素种类完备，即保证对海图主题和用途而言必要的要素种类都表示在图上；

其二是指在海图要素一定的前提下，保证各类要素的分类、分级是详细的，物体选取的数量是足够的，图形符号的形状和位置是真实的。

海图清晰易读性是相对海图使用者而言的，即保证海图具有良好的视觉感受效果（如图形和注记清晰，物体之间主次分明、关系清楚等）。影响海图清晰易读的因素主要是海图载负量、图形符号的形状、大小和复杂程度、色彩等。

海图以模型的方式再现客观世界的地表（海底）形态、地理要素的空间分布和相互联系。从这个角度讲，海图上表示的内容越多、越详细，模型与客观实际就越相似。因此，海图内容的详细性是衡量海图质量优劣的重要标志。然而，海图清晰易读性的要求又使得海图内容详细性只是相对的、有限的，并且随着海图比例尺的缩小，详细性与清晰性的矛盾愈加尖锐。

这样，制图综合的原则（任务）之一就是将这一矛盾双方统一起来，使之和谐、均衡。为了达到这个目的，主要有三种方法：

（1）确定适宜的载负量。
（2）缩小简化海图符号。
（3）采用适宜的表示方法。

在以上三种方法中，"确定适宜的载负量"更具实质意义。实际上，处理海图内容详细性与清晰易读性之间的矛盾，主要就是通过确定适宜的载负量来实现的。海图符号的大小、表示方法的选择，最终都表现在海图载负量的大小上。海图载负量主要由制图要素的数量决定。因此，要确定适宜的载负量，就必须研究制定科学的制图综合数量指标，如要素选取数量和形状化简尺度等。目前，对海图载负量的研究还不够完善，对海图内容详细性的评价尚缺少严格的数量标准，在制图作业中往往难以把握标准。所谓的图上要素"稀了"或"密了"，往往是作业人员的直观感觉，缺乏严格的理论论证。因此，研究海图（特别是航海图）的适宜载负量意义很大。

（二）几何精确性与地理适应性相统一

几何精确性，是指要求海图上表示的制图要素必须达到海图比例尺允许的几何精度，即保持制图要素的地理位置的准确性。几何精度主要受制图综合过程中产生的各种误差的影响，这些误差主要包括化简误差（位置偏移、形状变化、长度或面积改变等）、移位误差和描绘误差。

地理适应性，是指海图上制图要素的地理分布特点及相互间相对位置关系的正确性。

几何精确性与地理适应性是一对尖锐的矛盾，该矛盾随海图比例尺的缩小而产生并加深。

在大比例尺海图上，要素相对稀疏，一般都具有很高的几何精度，同时，制图要素的相对位置关系也是很真实准确的。这时，海图的几何精确性与地理适应性同时得到满足，彼此矛盾很小。在这种海图上，只要保证了制图要素的几何精确性，就基本保证了地理适应性。

随着海图比例尺的缩小，图上各种非比例符号越来越多，要素之间相互拥挤，争位矛盾突出，要素图形渐趋复杂，读图困难，几何精确性与地理适应性之间的矛盾就变得尖锐起来。此时，为了保持图上要素的相互关系（距离远近、左右位置、相交情况等），就必须将一部分要素移位或用组合符号表示（产生移位误差），将一部分要素图形加以化简（产生化简误差），即有限度地牺牲要素的几何精度来换取（保持）地理适应性。例如，当水深注记和礁石符号争位时，移动水深注记；当道路符号按图式扩大描绘时，路旁毗邻的建筑物必须随之移位等。

在小比例尺海图上，几何精确性要求相对降低，地理适应性则具有更高的要求。例如，在小比例尺海图上，等高线的大量小弯曲失去了同实地一一对应的关系，因而失去了其位置和形状的精确意义而成为一种表现手法。这时，在综合地貌时不应过分强调精确性，而应通过对地貌形态和类型的正确分析和认识，对等高线进行整理，包括化简、移位和夸张（当然都是有限度的），使等高线之间协调一致，使所表现的地貌形态生动、典型。

在小比例尺海图上保持地理适应性的例子还有：不允许经过河流形状化简后，将毗邻居民地由此岸移至彼岸；化简等高线时，应使谷底线（图上并未绘出）与河流重合；描绘居民地符号时，应保持其与经纬线的相对关系等。

一般来说，解决几何精确性与地理适应性的矛盾时，应注意以下几点。

（1）简化图形时，应力求保持主要特征点的位置准确。
（2）移位时，应采用最小的移位量。
（3）分清要素之间的主次地位和相互关系。
（4）化简和移位等都应有目的、有限度。

（三）保持景观特征的真实性

制图区域的景观特征是客观存在的。保持制图区域景观特征的真实性是制图综合的必然要求。景观特征主要分为两类：① 分布密度特征，如按稠密、中等和稀疏来划分密度等级；② 形态特征，如海岸是侵蚀型还是冲积型，河系是树状还是平行状等。

首先讨论保持密度特征的问题。

在对制图要素实施各种制图综合时，必须考虑保持景观特征的问题。对于选取方法而言，主要保持分布密度特征，即真实地反映要素分布特征及不同地区的分布密度对比。

设制图区域内某要素的分布可分为三个密度区 a、b、c，其密度分别为 K_a、K_b、K_c（设 $K_a < K_b < K_c$，此处密度是指相应的实地密度，下同）。制图综合时，势必要舍去部分物体，设选取后三个密度区的要素密度分别为 K_a'、K_b' 和 K_c'。要保持三个区域内要素密度的大小顺序关系，必然有 $K_a' < K_b' < K_c'$。更进一步，要严格保持这种数量大小的对比关系，就要求

$$K_a : K_b : K_c = K_a' < K_b' < K_c'$$

即

$$\frac{K_a}{K_a'} = \frac{K_b}{K_b'} = \frac{K_c}{K_c'} = 常数$$

也就是说，在三个不同的密度区内，必须按照相同的选取比例选取要素，方能保持原来的密度对比关系。

但是，事实上不可能绝对保持这种对比关系。选取规律表明，在高密度区中，要素的选取率低，而在低密度区中，要素的选取率高。也就是说，经过制图综合后，不同密度区之间的密度差别变小，即有

$$\frac{K_a}{K_a'} > \frac{K_b}{K_b'} > \frac{K_c}{K_c'}$$

或

$$K_a' : K_b' : K_c' > K_a : K_b : K_c$$

随着海图比例尺的缩小，这种密度差别逐渐减小的趋势越来越明显，要素的分布密度趋于一致。但是，无论这种密度差别怎样减小，图上都不允许出现密度对比倒置的现象。图 5.2 中的三个直方图清楚地表明了图上要素密度（相应的实地密度）随比例尺缩小而减小、密度差别对比也明显减小的趋势。

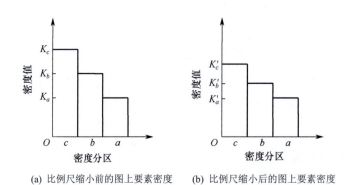

(a) 比例尺缩小前的图上要素密度　　(b) 比例尺缩小后的图上要素密度

图 5.2　密度差别的减小

下面讨论保持形态特征的问题。

制图综合方法中的形状化简方法的重要原则之一是保持物体平面图形的形态特征即相似性，进而揭示要素的内在规律。例如，河系图形的化简是通过取舍河流实现的，而河流的选取通常是以河流的最小尺度（长度）为标准的。在化简羽毛状河系时，由于此种河系支流短小且近于平行，两侧支流大致对称，形如羽毛，因此在选取河流时，除了选取那些满足尺度标准的河流，还应选取一些长度不满足尺度标准的短小支流，以保持这种羽毛状的特殊景观。又如，综合达尔马提亚式海岸（纵海岸）时，应着重显示海岸的纵向分布特点，即海湾、海峡、半岛及大小岛屿是沿着海岸线的总方向延伸的。其中的一些小岛，如果稍微具有延伸方向特征，就应显示出其方向性，而不应将其绘成圆形的岛屿。海岸线的形状化简也是如此，对于切割比较强烈的侵蚀海岸，制图综合应用尖锐的弯曲来表现其形态特征，而不能绘成圆滑的弯曲形态（见图 5.3）。

（四）协调一致

制图综合的协调一致，是指制图综合方法、制图综合指标和制图要素关系处理等方面的协调一致，其目的是使所表示的制图要素达到统一、客观、可检验、易阅读。这种协调一致要体现在同一图幅的不同地区和不同要素之间、同一比例尺的不同图幅之间以及系列比例尺海图之间。

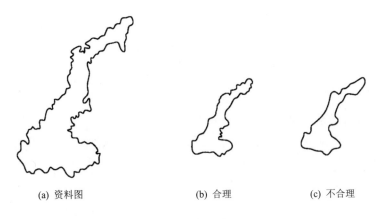

(a) 资料图　　　　　　(b) 合理　　　　　　(c) 不合理

图 5.3　保持海岸的形态特征

同一幅图的不同区域之间，制图物体的形态和分布密度可能是不同的，因此其综合指标在这些不同的地区应相互协调。例如，一幅图上有两个不同类型、不同河网密度等级的河系，在选取河流时，对两个河系应分别采用不等（但协调）的尺度标准，以反映两个河系的类型特征和河网密度差别。

在小比例尺海图特别是大型挂图上，不同纬度地区的综合指标应保持协调。海图一般采用墨卡托投影，这种投影随纬度增高产生的变形很大。例如，设基准纬度为 0°（赤道），则在纬度 60°地区的图上面积要比赤道上大 4 倍（相应于同一实地面积），长度则增大 1 倍。这样，就产生了两个需要协调的问题：为了充分利用图纸面积，在高纬度地区制图综合的程度较小，而在赤道地区则需要较大程度的综合；然而，综合程度的差别又不能太大，否则会造成虚假的地理现象。例如河流的选取，在赤道地区长为 1 厘米的河流，在高纬度地区长度将达 2 厘米，若按变形纠正后的尺度标准选取河流（如赤道地区 1.5 厘米，高纬度地区 3 厘米），虽然可能适合赤道地区，但高纬度地区将显得空白，图面利用率低。然而，若在不同纬度地区均采用同一尺度标准（如均为 1.5 厘米），则高纬度地区的河流有可能全部选取，这样势必造成高纬度地区河流密度很大的虚假现象。因此，不同纬度地区的制图综合方法和指标必须协调。

同一比例尺（或相近比例尺）的不同图幅之间应协调一致。例如，航海图一般是按比例尺成套编绘的，在成套海图的叠幅部分中，各要素的表示应基本一致。同一比例尺图的叠幅部分，应采用"抄接边"的方法编绘，相近比例尺图的叠幅部分应先编绘比例尺较大的图，然后将其作为比例尺较小的邻幅图的编图资料，使二者的叠幅部分基本一致。同时，叠幅部分应与整幅图的其他部分相协调，要素密度、形状化简程度等都应基本一致。

在系列比例尺图（如1：10万、1：20万、1：50万和1：100万）之间或海图集中的诸图幅之间，制图综合的协调一致也是很重要的。

海图上同时包含了海洋和陆地两个毗邻的区域，海陆协调还表现在海底地貌和陆地地貌的协调方面。海底地貌是陆地地貌在海水下的延伸，二者在形态结构上有着密切的联系，因此综合时应顾及二者的关系，使之协调一致。例如，在陆地河流的入海口都分布有水下河谷，通过等深线可以很好地反映出河流与水下河谷的联系；等深线的走向与形态应与海岸的方向相一致等。

为了正确表示出制图要素的空间分布及其相互联系，不同要素的制图综合应该协调一致。例如，化简等高线图形时，必须兼顾已经表示在图上的河流图形的化简，以保持河曲与等高线弯曲之间的协调关系。

三、海图制图综合的基本方法

制图综合作为一种编制海图的理论和技术方法，其表现形式是多种多样的。为达到不同的制图目的和要求，所采用的综合手段也各不相同。归纳起来，就普通海图制图而言（专题海图制图有其特殊的综合方法），制图综合的基本方法有四种，即选取、概括、化简和移位。

（一）选取

选取是制图综合的最基本、最重要的方法。选取（又称取舍），就是从编图资料中选取那些从海图用途上讲是需要的、从比例尺上讲是能够容纳的、从地理分布上讲是相互联系和制约的制图要素。

选取有两层含义。

第一层含义是"内容要素的选取"，即按照海图主题和用途的要求，选取某种或几种对海图主题和用途是必要的且有意义的内容要素，而舍去次要的或无用的内容要素。因此，这种选取的结果是减少或改变海图内容要素的种类及结构。

在海图编辑设计阶段，很重要的一项工作就是确定海图内容要素的种类和数量。但对航海图而言，这一工作是很简单的，因为经过数百年的使用，航海图已日趋完善，图上表示的内容要素已经确定，编图时不再需要进行内容要素的选取，对普通地形图亦是如此（图上表示水系、地貌、居民地、交通线、植被和境界六大要素）。然而，对专题海图而言，这项工作却具有相当重要的意义。在专题海图上，除了一般都要表示的作为地理基础的地理要素（如水系、居民地和交通线等），还必须选取表示与海图主题相适应的某种或几种专题要素，如海底地势图要选取表示水深、等深线和等高线等地貌的专题要素；海底底质图则以少量水深和等深线等作为地理基础要素，以底质作为专题要素等。

第二层含义是"制图物体的选取"，即在已选取的每种内容要素中确定具体的选取对象。例如，在大量的水深注记中选取有意义的水深，在众多的居民地中选取重要的部分等。我们通常所称的选取主要是指这种选取，物体选取的结果是减少某类内容要素中的物体数量。

总之，选取的实质是通过解决海图内容的构成及制图物体的数量问题，达到简化区域整体的图形特征，进而满足海图主题与用途要求的目的。换言之，选取的目的就是在海图编绘过程中，解决海图的内容详细性与清晰易读性之间的矛盾。选取不是简单的"取"或"舍"，而必须以制图资料为基础，以海图用途为依据，以海图的清晰易读性为条件，经过全面、系统和科学的分析研究，选取那些重要的、有用的、相互联系紧密的制图物体，舍去那些相对来说次要的、无用的制图物体，进而构成科学的、完整的、清晰的海图内容。

（二）概括

概括，就是减少制图要素的分类、分级或者进行质量转换与图形转换，进而减少制图要素在质量和数量上的差异。

概括主要表现为对制图物体的分类和分级表示。制图物体在图上是用图形符号表示的，而物体的种类又是千变万化的，因此图上不可能对实地具有某种差别（数量方面的或质量方面的）的物体都用不同的符号表示出来。实际上，地图（海图）是用一种符号来表示实地上质量或数量特征比较接近的众多物体的。也就是说，制图物体在图上是分类或分级表示的，每一类或每一级都表示了对实地制图物体的一种概括。包括地图学的所有学科，都试图对研究对象进行分类、分级，以便对错综复杂的世界做出解释。尽管分类、分级会损失细节，但却是必要的，因为它能够增强对物体信息的解译能力。

实施分类、分级必须明确两点：第一，分类、分级有着特定的目的，即显示出那些不经分类、分级就无法表示的内容。分类、分级本身并不是目的，而只是揭示制图物体空间关系的一种方法。第二，没有任何一种一成不变的分类、分级原则，必须根据海图的主题和用途来确定相应的原则。

在制图物体的各种特征中，质量特征是决定物体性质的本质特征，是区分制图物体并对其进行分类的基础和依据。物体分类的目的在于以概括的分类代替详细的分类，以综合的质量概念代替个别的具体质量概念，分类的结果是减少制图物体的类别。

制图物体的数量特征是对物体分级表示的基础和依据。物体分级以扩大级差或重新划定分级界限的方法来减少分级的数量，结果是以概略的分级代替详细的分级，减少制图物体在数量特征上的差异。除了分类和分级方法，常用的概括方法还有质量（概念）转换方法和图形转换方法等，例如，图 5.4 将一小片丛草滩进行质量转换，合并到了邻近的大片泥滩中。

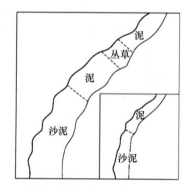

图 5.4　按质量概念转换法实施干出滩制图综合

制图物体的质量特征和数量特征是相互联系的，因此概括的诸多方法也是可以相互转化的。例如，分级方法在大多数情况下是对数量特征的概括，但有时也表现为对质量特征的概括，如对居民地人口数的分级合并是对数量特征的概括，但人口数量的不同等级又在一定程度上反映了居民地的质量概念（如大、中、小城市），因此分级合并又可视为对质量特征的概括。

（三）化简

化简，就是简化制图要素的平面图形（线状图形和面状图形），结果是以简单图形代替复杂图形。编制海图时，由于比例尺的缩小，图形越来越小，弯曲越来越多，妨碍了其主要特征的显示。或者，由于海图主题和用途的不同而不必表示过于详细的图形等，因此有必要对制图物体的平面图形加以化简。化简的目的是保留物体图形特有的轮廓特征，并显示从海图用途来看是实质性的或者必须表示的特征，保持图面的清晰易读性。"化简"就是简化物体平面图形的碎部，以简单的平面图形代替复杂的平面图形，甚至以不依比例的符号图形代替平面图形。对于道路、等深线等线状物体，图形化简就是减少曲线弯曲，使之逐渐平滑，最终以直代曲；对于居民地等面状物体，则既要化简其外部轮廓形状，又要简化其内部结构，最终以"点"代面（见图5.5）。

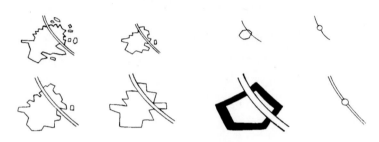

图 5.5　制图要素的形状化简

形状化简的方法包括删除、夸大、合并和分割四种（见图 5.6）。删除，是指舍去无法清晰表示的细小弯曲和碎部；夸大，是指将按其大小本应删除但却具有典型特征的细小弯曲和碎部夸大表示出来；合并，是指将相互间距离很小的同类物体的各个部分合并在一起；分割，是指有限度地将平面图形拆拼组合以保持其图形特征的相似性。

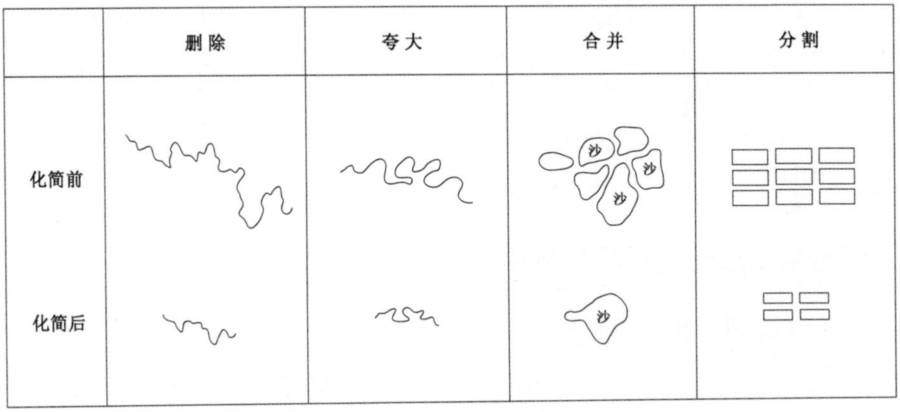

	删除	夸大	合并	分割
化简前				
化简后				

图 5.6　形状化简的方法

为了达到图形简化的目的和要求，化简还必须遵循以上的原则要求和严格的方法步骤进行，并且为了控制物体平面图形简化的程度，化简也具有一定的数量指标。通常根据海图用途要求及制图物体本身的图形特点，规定删除或合并细小碎部的最小尺度标准，或者化简前后碎部数量的比例。

（四）移位

制图物体的图形移位也是制图综合中的常用方法。"移位"不仅有利于反映制图物体的主要特征，更重要的是能更好地处理物体之间的相互关系，解决由于海图比例尺缩小而产生的几何精确性与地理适应性之间的矛盾。

编绘海图时，将资料图按新编图的比例尺缩小后，图上以符号表示的各个物体之间的距离也相应缩小。若不能将其舍去，且仍要按图式标准规格描绘出来，则必然产生符号之间相互拥挤甚至压盖的现象，使要素之间的关系变得模糊不清，令读者难以判读。为此，除缩小符号尺寸外，最常用的方法便是移位：移动次要物体的位置，使符号之间保持最基本的间隔（如0.2毫米）。

"选取""概括""化简""移位"是制图综合的四种基本方法，同时它们构成了制图综合的完整而有序的过程。一般来说，"选取"是制图综合过程的第一步，它总要在"概括"或"化简"等之前实施。制图综合的四种基本方法是相互区别和相互联系的，在一定情况下可以相互转化。例如，线状要素的图形化简，实际上是通过取舍弯曲实现的，化简的程度决定于弯曲选取的数量；若选取水深注记和概括等深线的分级，则总体上必然化简海底地形等。

此外，广义上讲，除了上述四种基本方法，符号化方法也是制图综合的重要措施，甚至是根本性的措施。这是因为，一切制图要素在图上都是以符号表示的，符号化是制图的基础。我们在编绘普通海图和航海图时，是按照国家标准《海图图式》来编绘的，因此不需要或很少运用符号化方法。然而，绘制专题海图时，由于海图类型及其所表示要素种类的多样化和特殊化，没有也难以采用类似于《海图图式》那样统一的图式符号。因此，符号化方法显得相当重要。

四、海图制图综合的过程与顺序

（一）海图制图综合的过程

在整个海图编制过程中，制图综合贯穿始终，形成了一个完整的、复杂的、有序的过程。这个过程分为海图编辑设计和海图要素编绘两个阶段。

海图编辑设计包含制图综合内容，在这一阶段制图综合的任务主要是：拟定制图综合指标、规定制图综合原则等。这一阶段的成果一般表现为编辑文件，如编绘规范、编绘方案等。

对普通航海图系列而言，上述编辑制图综合工作已基本包括在国家标准《航海图制图规范》和《海图图式》中。因此在编绘航海图时，可以直接从要素编绘阶段入手，实施编绘制图综合。

在海图编绘阶段，制图综合过程包括读图、评价、判断和实施四个步骤。

1. 读图

读图即分析研究编图基本资料及其他资料（如航路指南），熟悉制图区域的地理特点，认识各类制图要素，为编绘海图打下基础。通过读图，了解制图要素的种类、分布位置、密度差别、质量和数量特征等，以便正确地实施制图综合。同时，读图还具有检查的作用，如检查编图资料的真实性、可靠性和详细性等。读图可以采用定性分析和定量分析的方法。

2. 评价

评价就是根据海图的主题和用途，在阅读分析的基础上，对制图要素的重要性做出评价，即区分出哪些是重要的，哪些是次要的，哪些是无用的，以及何处是要素图形的特征等。总之，读图和评价的主要内容是了解和熟悉制图要素及其特征与重要程度，为综合的实施打下基础。

3. 判断

判断就是在分析评价的基础上，对制图要素是否需要综合以及如何综合做出决断。例如，某个居民地是否选取，选取后如何化简其形状，如何处理与道路或河流的关系，是否需要移位、如何移位等。

4. 实施

实施就是进行制图综合的图上作业，具体运用制图综合的基本方法，最终完成海图编绘工作。

在简单情况下，读图、评价、判断是一个简短的、连续的思维过程。问题越复杂，就越要有详细的读图和全面正确的评价。

（二）海图要素制图综合的顺序

海图要素制图综合的顺序即海图编绘的顺序。海图上表示的内容要素很多，而且它们之间又是相互联系、相互制约的，因此，海图编绘必须按照一定的顺序进行。确定海图内容要素编绘顺序的一般原则如下：

1. 先海部要素后陆部要素

海部是海图的主体，是海图编绘的主要内容。相比之下，陆部就显得次要，因此先海部后陆部的编绘顺序是自然的。

2. 先重要要素后次要要素

制图要素的重要程度是不同的，等级高的、图形大的、位置重要的要素一般应先编绘。例如，编绘道路时首先综合铁路，然后依次综合公路、大路、小路等。

3. 顺应要素间的相互制约关系

海岸是海洋与陆地的分界，是海图上的基本要素，较其他要素有更高的优先顺序。在陆地要素中，水系是地形的骨架，对地貌和其他社会要素都有制约作用。因此，编绘陆部时应首先编绘水系。

4. 便于处理要素间的关系，便于作业

在海图上，许多点状符号不能与线状符号相交，而应保持 0.2 毫米的间隔。因此，为了保持要素间的相互关系，便于编绘作业，各种独立地物应先编绘。例如，航标多位于海岸附近，符号常常压盖海岸线，因此应先编绘助航标志，后编绘海岸及其他要素。当需要用移位方法处理要素间的关系时，在判明"谁移位""往何处移"等问题后，先编绘不需要移位的要素，后编绘需要移位的要素。

在上述原则指导下，根据海图制图工作者多年的制图实践经验，目前航海图的编绘一般按照下列顺序进行：控制点、助航标志、海岸及港区建筑物、干出滩、航行障碍物、水深、等深线和底质、航道、区域界线和管线、海洋水文要素及其他；陆部独立地物（方位物）、水系、居民地、道路、地貌、境界线及其他；文字注记。其他类型的海图如海区形势图、海图集和专题海图的制图综合顺序也基本如此。

以上是海图制图综合的一般顺序，但这个顺序并不是绝对的。例如，在编绘各类要素时，都要考虑某名称注记和说明注记的配置；编图人员可根据编图的具体情况，调整各类要素的编绘顺序。

总之，在编制海图的制图综合过程中，一定要有先后次序，要从大处着眼，要有整体观念；先总体，后局部；由主到次，由大到小；由外部到内部；由特殊到一般，循序渐进，逐步展开。

第三节　数字海图制图是什么

随着现代科学技术的迅猛发展，早在20世纪80年代，数字制图技术就已开始在海图制图领域得到了应用，并且出现了以数字形式存储在某种介质中的海图。与传统的纸质海图（又称<u>模拟海图</u>）相比，这种新型的海图被称为<u>数字海图</u>。所谓数字海图，是指以数字形式记录和存储海洋地理信息和航海信息的海图，是在一定的坐标系内具有确定位置、属性及关系标志和名称的海洋地理要素与现象的离散数据，是在计算机可识别的存储介质上概括的有序集合（彭认灿等，2021）。数字海图按照数据组织形式的不同，可分为栅格数字海图和矢量数字海图，目前我国只生产矢量数字海图。

目前，数字海图已成为现代航海技术的基础支撑平台，在船舶导航系统中得到了非常广泛的应用，其应用于航海就等同于电子海图。随着计算机信息技术的迅猛发展和普及应用，电子海图开始与船位信息、雷达信息、船舶动态参数等导航信息集成使用，由此产生的信息系统被称为<u>电子海图显示与信息系统</u>（Electronic Chart Display and Information System，ECDIS）。数字海图已在现代航海中发挥了纸质海图所不具备的重要作用（董箭等，2022）。

一、数字海图和电子海图

（一）数字海图

1. 概念

数字海图（Digital Chart）是指用数字表示的，以描写海域地理信息和航海信息为主的空间数据的有序集合。应用于航海时，数字海图等同于电子航海图（ENC）。

数字海图是对现实世界地理信息的一种抽象表达，是海洋及其毗邻陆地空间地理数据的集合。广义上的数字海图指的是利用计算机技术生产，并在计算机环境中使用的海图，它用数字形式表示海图信息，独立于固定的符号系统，以数据和数据结构为信息传递语言，不强调信息的符号化，注重计算机对信息的识别和理解，主要在计算机环境中使用。狭义上的数字海图指的是一类海图产品，是随着计算机技术在海图领域的应用而产生的一类不同于常规纸质海图的新产品。

数字海图按其空间数据（几何数据）形式的不同，主要分为矢量海图和栅格海图两种。

2. 矢量海图

矢量海图（Vector Chart）是指以数字形式的坐标和代码给出的点、线、面来表示海图要素的海图。按所遵循标准的不同，矢量海图又可进一步划分为国际标准矢量海图和非国际标准矢量海图。国际标准矢量海图指的是符合 IHO S-57 标准的矢量海图——电子航海图（ENC），这是当前数字海图制图中的一种最主要的输出产品。事实上，ENC 作为各国海道测量部门官方生产的数字海图产品在电子海图显示与信息系统（ECDIS）中已得到广泛应用；非国际标准矢量海图指的是不符合 IHO S-57 标准的矢量海图，如美国国家地理空间情报局（National Geospatial-intelligence Agency，NGA）生产的 VPF（Vector Product Format）格式数字海图和我国有关海图制图部门生产的 VCF（Vector Chart Format）格式数字海图等。

与栅格海图相比，矢量海图的特点主要表现如下：① 易于实现对单个海图要素实体的定义与操作。② 具有较小的数据量、较高的位置精度，以及丰富的拓扑关系信息。③ 可灵活实现对海图要素实体的分层、分类和分级，满足海图信息快速检索、查询、显示、处理、分析应用及输出的需要。④ 数据模型和数据结构较为复杂。⑤ 部分空间分析算法复杂度高、实现难度大、执行效率低。

3. 栅格海图

栅格海图（Raster Chart）是指以栅格方式表示并以栅格数据结构存储的数字海图，又称光栅海图。栅格海图通常由纸质海图经扫描、几何纠正、图像处理及数据压缩后形成，也可由矢量海图生成符号化海图图形后经栅格化转换得到。这是在数字海图制图早期生产和使用得较多的一种海图产品，主要用来弥补 ENC 数据生产能力的不足。由于栅格海图无法像矢量海图那样提供支持船舶航行安全所需的必备功能，使得使用栅格海图数据的 ECDIS 无法在船舶导航中替代纸质海图，必须配合改正至最新的纸质海图使用，因此随着 ENC 生产的加快，栅格海图在 ECDIS 等各类电子海图系统中的使用逐渐减少。栅格海图按所遵循标准的不同，也可进一步划分为国际标准栅格海图和非国际标准栅格海图，其中国际标准栅格海图指的是符合栅格海图产品规范（S-61 标准）的栅格海图，如前面提到的在 ECDIS 中用来弥补 ENC 数据生产能力不足的栅格海图。其他不符合 S-61 标准的栅格海图即为非国际标准栅格海图。

栅格海图制作方便，能保持原有纸质海图的风格和特点。栅格海图通常作为航海背景使用，满足数字海图应用的急需，用于辅助航海导航和图上作业，也可进行矢量海图数据的采集，但不能进行深入的分析和内容提取。自 20 世纪 80 年代以来，美国、英国等国家生产发行了大量栅格海图。

与矢量海图相比，栅格海图的特点主要表现如下：① 在形式和内容上保留了纸质海图的主要特色和风格，易被常年使用纸质海图的航海人员和其他使用者接受。② 数据结构简单，整个数据按行和列排列，每个像素点都有一个颜色值。图像的颜色索引数据位于整个数据块的前面或后面，记录每个颜色号所对应的红、绿、蓝分量值。图像的高、宽及其他一些信息存放在图像文件的最前面。③ 栅格海图的应用实际上是一种图像再现过程，不需要更多的操作和处理。主要作为航海背景使用，可进行船舶定位、航线标绘等作业。④ 生产速度快、成本低，但数据量大，存储和管理时需要进行压缩。⑤ 使用方法单一，无法提取海图要素和内容，不能对海图要素进行个体定义和描述，不能分类、分层和按要素进行检索，应用有很大的局限性。

（二）电子航海图

电子航海图（ENC）是指由官方授权的海道测量机构（HO）发布，专供电子海图显示信息系统（ECDIS）使用，在内容、结构和格式上均已标准化的一种矢量海图数据集。ENC 除了必须包含船舶安全航行所需的全部海图信息，也可包含纸质海图上未表示出而安全航行又需要的补充信息（如航路指南等）。

ENC 数据的生产通过利用海道测量成果及有关资料编制、对现有海图数字化以及对已有数据进行更新等方法实现，一般都进行严格的质量控制和检查。随着《S-100 通用海洋测绘数据模型》（S-100 标准）的制定和实施，ENC 生产所遵循的国际标准将从 S-57 标准逐步过渡到 S-100 标准，从而有效克服 S-57 标准存在的通用性差、维护机制不灵活、支持数据类型不够丰富和数据封装方式过于死板等问题，使新一代 ENC 能更好地适应航海信息化、现代化和智能化发展的需要。

（三）电子海图

电子海图（Electronic Chart）是电子海图数据和电子海图系统的统称。电子海图定义范围较广，在不同的应用领域其含义不同。

电子海图主要有以下两种不同的含义：① 电子海图数据。用于描述海图信息的各种数字海图，即按照一定的数据形式组织和表示的海图。存储在磁盘、光盘等计算机可识别的存储介质上。具有海图要素实体属性、位置和关系信息。按照数据的形式和特点，可分为矢量海图和栅格海图；按照数据标准，可分为国际标准数字海图和非国际标准数字海图。其中，由于矢量海图具有栅格海图不可比拟的优越性，已成为一种重点发展的主流数字海图产品。例如，前面提到的已在 ECDIS 中得到广泛应用的 ENC，就是一种符合 S-57 标准的矢量海图。② 电子海图系统（ECS）。用于描述由海图数据、软件及硬件组成的船舶导航信息系统，即各种符合或不符合 IHO、国际海事组织（IMO）和国际电工委员会（IEC）相关标准要求的电子海图系统。其中，ECDIS 作为符合上述国际组织相关标准要求的主流电子海图系统，已成为各类大、中型船舶必须配备的装备，并在船舶航海上得到广泛应用。ECDIS 除了在海图数据上必须使用符合 S-57 标准的 ENC，还需要在海图内容与显示上符合《IHO ECDIS 海图内容与显示规范》（简称 S-52 标准）要求，在性能上符合《IMO ECDIS 性能标准》（A.817 决议）要求，在操作与性能需求、测试方法和应达到的测试结果上符合《ECDIS——操作与性能需求、试方法和应达到的测试结果》（IEC 61174 标准）要求。为适应 EDCIS 发展的需要，IMO 于 2000 年 11 月通过了对《国际海上人命安全公约》（SOLAS, 1974）的修正案，并从 2002 年 7 月起有条件承认 ECDIS 在船舶航海使用上的法律地位。也就是说，具备适当备份措施并使用及时更新的电子航海图（ENC）的 ECDIS，在船舶航海使用上等价于更新至最新的纸质海图。

另外，在某些特定情况下也可认为电子海图即屏幕海图，是在计算机环境下使用的一种新型海图产品，它强调海图信息的视觉感受特征。

（四）海图数据库

海图数据库（Chart Database），狭义上是指按照一定的数据模型组织、存储和使用的互相联系的海图数据集，广义上是指以数据库形式存储的海图数据在管理系统的支持下，实现海图数据的检索、处理、更新和图形输出等功能的计算机软件系统。海图数据库是一个动态库，需要不断地进行维护和更新。

海图数据库存储的数据包括位置数据、关系描述数据和属性数据等，具体内容有海岸线、干出滩、水深、等深线、礁石、沉船及其他障碍物，各种助航设备、潮汐、潮流、港口设施及各种界线，沿海陆地主要地形、地物等。

海图数据库中存储的数据类型包括矢量数据和栅格数据。矢量数据的优点是数据存储量小，可以构成拓扑关系，提供要素方便，缺点是数据编辑、更新和处理软件比较复杂。栅格数据的优点是软件设计比较简单，缺点是不能直接用于编图，数据存储量大。

海图数据库中数据的组织方式经历了层次数据模型和关系数据模型两个阶段。采用面向对象的数据组织模型来实现海图数据的空间数据和属性数据的一体化存储，是海图数据库数据组织方式的发展方向。

二、数字海图制图学

数字海图制图学（Digital Chart Cartography）作为海图制图学的一个新兴领域，仍然处于不断发展和变化的过程中，因此给出一个十分确切的定义比较困难。以下定义是在综合现行几种有代表性的定义后给出的，强调了对各种形式海图的数字化制作理论与技术的研究。

数字海图制图学是以海图制图学原理为基础，以计算机系统及相关外围设备为工具，采用数据库技术和数字图形处理方法，研究实现海图数据获取、变换、传输、识别、存储、处理及输出的理论与技术的应用学科。

简言之，数字海图制图学是数字地图制图学的基本理论、方法和技术应用于海图制图领域的一个重要而又具有显著专业特色的分支。例如，作为数字海图制图的主要产品，电子航海图（ENC）必须符合 S-57 等相关国际标准，以及为了保证船舶海上航行安全的需要，必须依据定期发布的《航海通告》提供的信息及时更新 ENC 和纸质航海图，这些都是数字海图制图学与数字地图制图学的明显不同之处。

数字海图制图学研究的主要内容包括海图制图资料的分析与评价，海图数据的获取与输入，海图数据的编辑与处理，海图的自动制图综合，海图数据库的建立、维护与管理，数字海图的制作与更新，纸质海图的制作与更新，以及贯穿于数字海图制图全过程的质量管理与控制等。

三、数字海图制图技术

数字海图制图技术是以计算机科学和海图制图学的理论为基础，在一定硬件设备和相应的系统软件支持下，重点研究和解决海图空间数据的获取、变换、存储、管理和图形输出等问题的专门技术。它的任务是采用数字化手段实现纸质海图和数字海图的生产与维护，并建立一定形式的海图数据库，以及为海洋地理信息系统提供基础地理信息。

与传统的海图制图技术相比，无论是制图方法手段还是产品形式，数字海图制图技术都发生了质的飞跃，适应了信息技术发展的需要。

从作为数字海图制图主要产品的数字海图来看，主要具备如下特点和优势。

（1）数字海图易于存储、传输（尤其是基于各种有线和无线网络的传输）、复制和使用，且不存在任何损失和变形，有效克服了传统纸质海图在相关环节中存在的不足。

（2）数字海图易于编辑和更新，尤其是基于无线网络的远程自动更新，显著提高了海图的现势性、适应性和实用性。

（3）数字海图通常比纸质海图包含更多的内容，具有更大的信息量。例如，在国际标准电子航海图（ENC）数据中，就可根据需要增加航路指南、港口指南和推荐航道等纸质海图之外的信息。

（4）极大地提高了基于数字海图的空间分析与应用能力。例如，在各种电子海图应用系统中，可基于数字海图数据实现基于计算机手段的海洋地理信息查询、统计与量算，以及航线规划、航线评估和航线监视等功能。

从作为数字海图制图主要方法手段的数字海图制图技术来看，主要具备如下特点和优势。

（1）增加海图品种，拓宽应用领域。例如，利用计算机处理海图数据和实现海图产品可视化，可制作出用常规制图方法难以完成的三维立体海图、多媒体海图、可进入海图等。

（2）减少因海图制图过程中制图人员的主观随意性而产生的偏差，尤其是基于数据库的一体化海图制图技术的应用，可有效解决海图制图中长期存在的相关海图产品不一致的难题，为实现海图制图的标准化、规范化奠定基础。

（3）改进纸质海图制图和制印工艺，实现计算机辅助制图、全数字化印前处理、计算机直接制版印刷甚至无版数字印刷和按需印刷（Print On Demand，POD），大大减轻制图人员的劳动强度，加快成图速度，缩短成图周期，提高纸质海图产品的质量。

然而，数字海图数据的安全性和版权保护等问题也变得愈加突出，必须引起重视，以便从制度和技术手段上有效防止上述问题的出现。

第四节 海图印刷用什么

海图印刷（Chart Printing）是指将印刷版上的海图要素图形、文字通过海图印刷机转印到纸张或其他载体上的技术。

海图印刷分为平版印刷、凹版印刷、凸版印刷、孔版印刷和特种印刷，由于海图印刷幅面大，对印刷精度要求高，在大多数情况下都采用平版印刷，即印刷版上的图文部分和空白部分几乎在同一平面上。平版印刷有直接印刷和间接印刷之分。直接印刷是指在印刷过程中，印刷版直接和纸张接触而达到转印图文的目的。间接印刷是指在印刷过程中，印刷版上的图文墨层首先转移到橡皮布上，然后由橡皮布将图文墨层转移到承印物上。由于橡皮布在间接印刷中起传递图文的媒介作用，所以间接印刷又称胶版印刷或胶印。近代海图印刷多以胶印方式完成。

胶印有两种，即有水胶印和无水胶印。有水胶印的印刷版，其图文部分亲墨斥水，空白部分亲水斥墨，印刷时，印刷版先湿水，后着墨，可以保证只有图文部分吸附油墨而空白部分不吸附油墨，依靠水墨平衡的原理完成印刷。无水胶印的印刷版，其图文部分亲墨，空白部分斥墨，印刷时油墨只吸附在图文部分，不需要印刷湿水便可完成印刷。

海图印刷一般采用四色专色印刷，专题海图一般采用多色印刷。随着计算机制图技术及印刷技术的不断发展，近年来，除普通航海图外，专题海图、海图集等多采用四色减色法制版印刷技术。

第五节　海图传输为什么

一、国际海图传输的发展现状

（一）国际海洋测绘产品保障内容

在海洋测绘产品远程保障方面，以美国、英国等为代表的西方发达国家，利用其雄厚的科技实力，通过有线和无线网络在全球范围实现了海洋测绘产品远程快速按需保障。以美国为例，其军用海洋测绘产品（主要是军用海图）是由美国国家地理空间情报局（NGA）负责生产和提供服务的，可快速为美军、北约及其盟友提供 5000 多幅覆盖全球海域的各种比例尺的航海图，其授权用户可在国际互联网上随时下载数字航海图（DNC）及其定期更新包数据文件。

美国国家海洋与大气管理局（NOAA）主要负责包括美国海域、内陆可航行水域及五大湖区海图有关产品的编制出版和发行，生产 1000 多幅覆盖美国全海域的纸图及 S-57 标准的 ENC 数据，其纸质海图更是在全球范围内率先实现了分布式按需打印输出，NOAA 可快速为海图用户提供改正至最新的海图（POD 海图）。NOAA 生产的 S-57 标准 ENC 还通过国际互联网为全球用户提供免费下载服务。在美国 NOAA POD 海图技术的引领下，英国海道测量局（UKHO）凭借其在纸质海图生产与销售方面的传统优势，利用国际互联网在全球各主要港口城市建立了 POD 海图打印与销售点，快速为广大用户提供高质量的 POD 海图。目前，加拿大、法国等国家海道测量局也在为用户提供部分 POD 海图。

（二）国际海洋测绘产品保障样式

在海洋测绘产品保障样式方面，以美国和俄罗斯等军事强国的海军为例，虽然其在利用电子海图系统实现船舶"无纸化"导航方面取得了重要进展，但是仍然十分重视和强调为其船舶导航同时提供数字海图和纸质海图保障，以满足海军舰船所肩负的特殊使命和任务的要求。但由于保密的原因，其纸质海图产品的具体保障方式和途径不得而知。

二、我国海图传输的发展现状

（一）我国海洋测绘保障现状

海图信息中心担负着为国家、军队各级指挥机关和作战部队以及海上舰艇平台提供实时、准确的海洋地理空间信息保障的职责。经过 60 多年的发展，已经编制出版了各类比例尺海图 10000 余幅，航海书表 800 余册，收集、存储了大量海洋调查、海洋测量、海图制图过程中的珍贵资料和不同历史时期国内外的海洋地理信息资料，建立了海道测量数据库和海洋测绘资料数字平台。为我国国防和经济建设、海洋权益维护、海洋科学研究、海洋防灾和减灾等提供了准确、可靠的海洋地理空间信息产品，有力地保障了海军部队作战训练、海洋开发和海洋科学研究等活动的正常开展。

（二）我国海洋测绘保障存在的问题

在海洋测绘产品的远程保障上，我国当前总体上仍然采取传统的产品（含数字产品和纸质产品）库存式维护管理和离线式逐级按需申领、配发等落后的保障模式。以海军部队日常训练任务保障为例，一般由使用部门逐级按规定程序和手续，通过上级航保部门和相关军用图库申领所需的各类海洋测绘产品；而以海军舰艇出远海执行任务保障为例，则必须在舰艇离港之前由航保局会同各相关航保部门和军用图库，根据相关舰艇执行任务的要求一次性为其提供所需的全部海洋测绘产品。针对这种保障方法落后、手段单一、效率低、周期长、成本高和灵活性差，以及保障产品无法及时更新和无法满足临时变更任务海区之急需等问题，自 2012 年起，利用国际海事网络卫星+国际互联网+FTP 站点的方式，解决了为加装"舰用海图远程支持系统"的船舶用户远程传输海图数据的技术难题。但是，目前该方式依赖于国外免费的 FTP 传输软件，而且只能通过对文件加密或设置登录密码的途径来保障数据的安全，存在安全性低、互联性差、无法满足保密测绘数据传输要求等问题。

总体上看，我国海军在海洋地理信息产品保障方面还存在以下主要问题。

(1) 保障机制不够完备。海洋测绘产品主要在平时进行生产和更新、维护，出海准备阶段进行有限的补充和更新，然后分发、部署到用户系统中，航行阶段海洋测绘产品的补充和更新能力弱，远未形成较为稳定的动态保障模式。

(2) 保障技术相对落后。未建立起"以网络为基础，以信息系统为支撑"的信息化保障方式，未统筹利用 4G/5G 网络、通信卫星、北斗等手段进行数据传输网络的有效构建，缺乏有效的信息系统进行传输网络的业务化运行管理、安全防控及数据加密处理。

(3) 保障手段相对单一。当前的海洋测绘产品保障基本上是一次性的静态保障，且以纸质产品保障居多。虽然通过"海图远程支持系统"实现了部分用户的海图数据按需保障，但未建立以"数据服务"为核心的服务保障模式，无法满足海图数据的在线更新或嵌入式功能开发的需要。

(4) 部分保障产品无法实现快速制作。随着"21 世纪海上丝绸之路"合作倡议的稳步推进，对海洋测绘产品的快速保障需求也在与日俱增，但在部分保障产品快速制作方面还存在诸多瓶颈问题。远洋船舶航行所需相关海峡水道、港口码头大比例尺海图的快速制作问题未得到很好解决。

三、我国海图传输的目的和意义

随着我国维护海洋权益任务的拓展、海军走向深蓝步伐的不断加快、海军遂行的多样化任务不断增多，抢险救灾、反恐、维稳、远洋护航和突发事件等应急保障需求也日益增多，远洋护航、编队出访、海上联合军演、海上作战、军事训练、武器装备科研试验等军事活动，以及作战理论与作战模式研究、联合作战、联合指挥、联合勤务等，都对海洋测绘产品的服务保障提供出了更高、更新的要求，要求海洋测绘保障范围更大、保障要素更全、保障精度更高、保障时效更快，对海洋军事地理信息高效性、实时性和快速性的要求大幅度提高。

海军战略部署、海战场准备、海上战术战法的拟制等，都涉及海洋军事地理信息。海洋军事地理空间信息涵盖了包括海洋基础地理空间信息、海岸带遥感影像、温度、盐度、密度、水声、海流、海浪、海面风、大气波导、重力、磁场等多领域、多要素的复杂多变的海洋环境要素综合信息，唯有对海洋军事地理空间状况的宏观、动态、持续的分析与处理，才能满足海军遂行各项任务的需求。海洋军事地理信息是一切海战信息的基础，是战术决策的基本需求，直接影响局部战争的胜负。揭示海洋地理空间信息对军事行动的影响规律，分析评价海区诸地理要素对海上作战行动的利弊影响，可以为制定海军作战方针、规划海战场建设、准备和实施海上作战行动提供依据，对海战场信息化建设具有重大的现实意义。随着现代海战技术含量的不断提高，实时、准确、快捷地为一线作战部队提供海洋测绘产品，是世界各国海军的重要建设方向和工作重点。

如何提供快速、准确、可靠的海洋测绘产品数据支持，提高对海洋军事地理空间信息的处理能力和预报能力，深入挖掘海洋军事地理空间信息服务过程中的大数据信息，进一步建立和完善与战略、战役和战术行动保障相适应的保障体系，为海军各级指挥机关的决策、海军科研单位的项目任务拟定、为海军作战单位的训练提供技术支撑、数据保障和信息支持，实现海洋测绘产品保障由安全保障向作战效能、兵力运用保障转变，为提升海军核心军事能力服务，是信息化条件下海洋军事地理信息服务保障体系建设的重要内容。

目前，我国已形成了一个比较稳定、有效的由计算机辅助海图编制、海图数据格式转换与处理、海图制版与印刷、海图配送与库存、海图改正与分发（销售），以及旧版海图清库与销毁等关键环节组成的纸质海图保障流程。长期以来，这一保障流程基本上满足了军地广大用户对纸质海图的使用要求。但是，近年来，随着海军战略转型建设的深化和非战争军事行动的增加，舰艇活动范围已扩展到一岛链以外的远海乃至全球海域，这一保障模式也逐渐暴露出许多问题。

目前，我国海洋测绘产品保障能力与需求比较具有一定差距，主要体现在两个方面：① 现行海洋测绘产品保障流程成本高、效率低、实时性差，无法有效满足远程保障需求；② 海洋测绘产品网络系统建设与管理水平相对滞后，缺乏对计算机、地理信息系统和办公自动化的深入理解与应用，缺乏对信息门户网站进行有效运行维护的机制和技术。

S-57 标准源于 IHO 数字数据交换委员会（CEDD）1987 年开发的数字制图数据交换与供给格式（DX-87 格式），1991 年正式形成第 1 版，以 IHO 第 57 号特殊出版物方式出版，并且命名为"数字海道测量数据传输标准"，其数据交换格式称为 DX-90，1992 年 4 月 15 日在摩纳哥召开的第 9 届国际海道测量大会上被推荐为官方标准，1993 年 11 月修改为第 2 版。起实质变化的是 1996 年 11 月发布的 S-57 标准 3.0 版，它以全新的数据定义和组织方法对 2.0 版做了彻底的修改，并以 S-57 取代了 DX-90 的称谓。目前使用的是 2000 年 11 月发布的 S-57 标准 3.1 版，2007 年 1 月维护更新至 3.1.1 版。

S-57 标准专用于描述真实世界的数据传输，特别关注那些与海洋测绘有关的真实世界实体。海洋测绘所观测的空间是地理空间，因此该模型将真实世界实体定义为描述特征（特征物标）和空间特征（空间物标）的组合。物标定义为一组可标识的信息，可具有属性，且可能与其他物标相关。特征物标含有描述信息，但不能有几何信息（位置和形状），而空间物标可能有描述信息，但必须有几何信息。特征物标由它与一个或多个空间物标的关系定位，可以不参照空间物标存在，但空间物标必须参照特征物标存在。

小　　结

海图是海洋区域的空间模型，广泛用于军事、政治、经济和科研等领域，随着现代科技进步，海图制图技术更加先进，一定程度上反映了测绘科学技术的发展水平。本章通过介绍海图编辑、要素综合、数字海图、印刷、传输等使用的技术手段，在普及测绘科技知识的同时，反映了科技革命在人类海洋活动、海图生产中带来的新变化。主要内容包括：① 海图编辑；② 海图综合；③ 数字海图；④ 海图印刷；⑤ 海图传输。

06 海图使用与管理如何做

海图是航海的重要工具,世界各国对海图的使用和管理均有严格的法律法规,我国著作权法规定海图作为特殊职务作品,产权不得归属个人。本章介绍海图知识产权、航海通告、海图使用管理规定等内容,宣传普及海图相关法律知识,介绍世界海图组织、海图制图师等内容,帮助读者了解世界各国管理使用海图的常识。

第一节 海图知识产权是什么

知识产权是指人们就其智力劳动成果所依法享有的专有权利,主要分为两类:著作权与工业产权。海图是以海洋为描述对象的科学作品,是海洋空间信息的载体和信息的传输工具。鉴于海洋领域成果的广泛性与严密性,海图一般不具有产业体系的实用经济意义,所以海图的知识产权主要指海图的著作权。

在我国,著作权一般被人们习惯称为版权,《中华人民共和国著作权法》在第五十六条中对此专门做了说明,规定"本法所称的著作权即版权"。但是,在中国香港,仍使用版权为正式的法律名词。著作权是指被赋予特定思想或情感的文学艺术作品的作者对其依法享有的权力,包括人身权、财产权、邻接权等具体内容。我国相关法律规定,中国人民解放军海军参谋部航海保障局拥有纸质海图和电子海图出版物的公开出版权。

一、海图版权保护法律

(一)版权保护手段的发展

1. 中华人民共和国成立前的版权保护手段

中国已知有"版权"一词,始于宋朝,当时印书兴盛,不少著书人都在书本后印上"版权所有,敢有翻印,千里必究",但当时尚无法律保障。

由于封建专制势力比较顽固，商品经济不发达，资产阶级革命的兴起和现代版权观念的产生较晚，直到 1910 年才制订版权法，即清宣统二年的《大清著作权律》（见图 6.1）。清政府的解释为："有法律不称为版权律，而名之曰著作权律者，盖版权多于特许，且所保护者在出版，而不及于出版物创作人，故自以著作权名之适当也。"

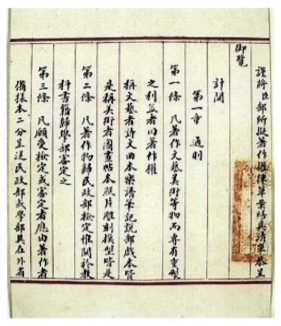

图 6.1 《大清著作权律》文本

"中华民国"时期，北洋军阀政府和国民党政府分别于 1915 年和 1928 年通过了版权法。

1949 年 6 月，我国海军在上海首先创建了海图出版机构，并根据军委的命令"掌理全国水道测量业务，负责全国江海港湾通航安全之责"，承担了全国的海图出版任务。

2. 中华人民共和国成立后的版权保护手段

1949 年中华人民共和国成立后，制订了一些保护作者正当权益的政策文件，但版权立法很不健全。

1974 年 7 月，根据国务院、中央军委指示，我国以"中国航海图书出版社"的名义，公开出版外国船舶用航海图书，保障外籍船舶在我国海域的安全航行。从此，我国的官方海图得到了国际认可，树立了良好的形象，得到了国际海道测量组织、国际海事组织等的充分认可。

1985年，我国成立国家版权局，开始起草版权保护方面的法律。

1990年9月7日，第七届全国人大常委会第十五次会议通过了《中华人民共和国著作权法》，并分别于2001年、2010年和2020年完成了三次修订。

（二）航海图书出版的地位

国际海道测量组织（International Hydrographic Organization，IHO）由英、法两国发起，1919年在英国伦敦召开了首届国际海道测量大会，决定成立常设机构——国际海道测量局（International Hydrographic Bureau，IHB）。1967年在摩纳哥召开的第九届国际海道测量大会上，制定了《国际海道测量组织公约》，1970年9月22日经联合国注册，正式成立国际海道测量组织。此后，国际海道测量局就成为该国际组织的总部机构，同时也是世界海洋测绘资料中心和技术标准的协调组织。

1967年《组织公约》通过后，台湾当局曾派人盗用中国名义在该公约上签字。1977年，在第十一届国际海道测量大会上，以投票表决的方式将台湾当局驱逐出IHO，承认中华人民共和国政府为中国参加国际海道测量组织的唯一合法代表。此后的每届大会（五年一次），成员国大部分以海军的身份参加，也有的以交通部门、海洋部门的身份参加，或者几者兼有，我国政府则由交通运输部和海军联合组团参加。

截至2022年5月，IHO共有98个成员国，其中很多成员国都由海军代表国家进行海图出版，这是多年来形成的惯例，奠定了其航海图书出版的法律地位。中国人民解放军海军参谋部航海保障局是我国唯一的航海图书合法出版机构。

为了促进测绘事业发展，加强测绘行业监管，保障经济建设、社会发展和生态保护的顺利进行，维护国家地理信息安全并增强保护手段，我国于1992年出版了《中华人民共和国测绘法》，并在2002年和2017年对其分别做了修订。《中华人民共和国测绘法》中明确规定：

军队测绘主管部门负责军事部门的测绘工作，并按照国务院、中央军事委员会规定的职责分工负责管理海洋基础测绘工作。

军队测绘主管部门有义务代表国家出版官方海图，有义务及时向全球用户提供中国官方海图。

二、海图版权保护标准

版权侵犯和盗版是数字时代普遍存在的问题，除了造成经济影响，非官方发布的航海信息还存在重大的安全隐患。纸质海图的版权保护由有关部门进行监督和管理，与普通作品的版权保护方法大致相同。但是，电子海图（Electronic Navigational Charts，ENC）如何实现版权保护则需遵循一定的国际标准。

（一）S-63 标准的基本内容

国际海道测量组织发行的出版物可分为定期出版物和不定期出版物。定期出版物主要有《国际海道测量评论》《国际海道测量简报》和《年鉴》，属于 P 系列。不定期出版物包括 B 系列的水下地形数据与命名规范标准、S 系列的特殊出版物、M 系列的综合性出版物，其中，有关电子海图技术的标准属于 S 系列。

IHO S-63，即《IHO 数据保护方案》。2003 年 11 月颁布了 1.0 版，目前最新版本为 2015 年 1 月发布的 1.2.0 版。该标准用于规范电子海图数据的分发与服务，包括防盗版、防伪造、选择性存取、数据制作者一致性和原型设备制造商一致性等条款，是安全结构与操作规程的推荐性标准，使用对象为数据生产者（如海道测量部门）、ECDIS/ECS 设备制造厂商和最终用户。该标准是由 IHO 数据保护方案组（DPSWG）编写，并经 IHO 各成员国同意，在挪威电子海图服务中心开发的 PRIMAR（欧洲电子航海图协调服务中心）电子海图加密方案的基础上形成的。

S-63 由 11 章及若干附录和附件组成。第一章为总则；第二章为数据压缩；第三章为数据加密；第四章为数据许可；第五章为数据认证；第六章为数据管理；第七章为目录和文件结构；第八章为管理者处理方案；第九章为数据服务者处理程序；第十章为 OEM 和数据客户处理程序；第十一章为 S-63 错误代码及解释。S-63 的附录 A 为数据服务者认证要求程序，附录 B 为制造商信息要求程序，附录 C 为 ENC 改正状态报告。附件 1 为 S-63 测试数据集，附件 2 为大媒体支持。

（二）S-63 标准的数据保护方案

IHO S-63 标准严格规定了管理人员、数据服务方、数据客户方以及设备制造商的相关责任与具体操作流程，因此建立了专业的电子海图数据保护模式。

方案管理员（SA）负责方案的维护和协调，由 IHO 担任，负责控制方案的成员资格，并确保所有的参与者都按照既定程序进行操作；负责维护顶层加密密钥，是有权向其他保护方案参与者发行证书的唯一实体；负责管理与方案有关的所有文档。

数据服务方负责按照此方案定义的程序和方法，对 ENC 数据进行加密和签名。例如，各国海道测量局和电子海图区域协调中心（RENC）。

数据客户方从数据服务方接收已加密保护的 ENC 数据，负责对 ENC 数据的数字签名进行认证，并按照该保护方案定义的程序对 ENC 信息进行解密。其中，认证和解密过程将由数据客户方的软件完成。

设备制造商根据方案管理员提供的唯一制造商密钥（M_KEY）和标识符（M_ID），在软件系统中提供相应的安全机制，用以唯一识别出每个最终用户。方案要求每个软件都必须安装唯一的硬件标识符（HW_ID），数据客户方/服务方使用 M_KEY 和 HW_ID 向软件发出加密 ENC 单元密钥。基于 S-63 标准的电子海图数据保护流程如图 6.2 所示。

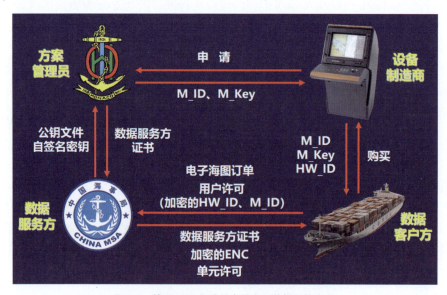

图 6.2　基于 S-63 标准的电子海图数据保护流程

第二节 航海通告有什么用

随着海洋运输、海洋资源开发、海洋军事训练等活动的日益频繁，航海图书信息资料的需求日益提高，如何保障海上活动的安全也变得日益重要。海图的版权保护保证了海图的准确性及来源上的可靠性，但是为了能够满足海上航行安全的需要，海图的时效性也是我们应该充分考虑的重点。

一、海图的现势性问题

海图作为一种以海洋为描述对象的地图，是海洋地理空间信息在时间轴上某一时刻的快照集。客观世界时刻处于发展变化之中，这是海图现势性问题产生的客观原因。海图出版时刻与用户使用时刻之间的信息差就是海图现势性差值。可以认为，时间差越大，海图现势性差值也就越大，对舰船航行安全所产生的威胁系数也就越大。利用航海通告对海图的改正更新，实质上就是不间断地向前推进海图的出版时刻，达到缩小海图现势性差值的目的。当用户利用航海通告将海图改正更新至用户使用时刻时，就可认为海图的现势性差值为零，即海图具有最佳的现势性。

海图现势性是海图产品的生命。为了保证船舶的航行安全，国际《海上人命安全公约》（International Convention for Safety of Life at Sea，SOLAS）早就做出规定："只有按要求及时进行过航海通告改正的海图才是合法可用的航海图。"由此可见，海图通告改正在国际上已被视为一项强制性的法律措施，航海人员必须严格执行，而未及时进行航海通告改正的海图则严禁用于航海。为此，IHO 在其颁布的《IHO 数字海道测量数据传输标准》（S-57 标准）和《ECDIS 海图内容与显示规范》（S-52 标准）国际标准中，对国际标准矢量电子航海图的改正给出了非常详细的规定，为建立有效的 S-57 标准电子航海图更新机制奠定了基础。

海图更新主要包括更新信息的制作发布和更新实施两个方面，但目前这两个方面却面临着新的困难和压力：首先，人类开发利用海洋的活动日益增多，表现在海图上为海部要素的频繁变化，导致海图更新资料的数量增多和复杂性变大等问题；其次，数字制图技术的迅速发展与普及应用，使得海图产品的种类和图幅的数量成倍增长，大大增加了海图更新的工作量；最后，数字海图的更新并不是简单的数据插入和删除，而是一个涉及数字海图制图、自动制图综合、数据编辑处理等技术的复杂过程，是数字时代海图生产单位和海图用户共同面临的难题。

二、航海通告的概念

航海通告（Notices to Mariners）是一种向航海人员及其他有关人员通报与航行有关的海区变化情况，用以改正海图，保证舰船航行安全的资料。目前，世界各国的官方海道测量机构（HO）均定期出版纸质航海通告或在网上发布与纸质航海通告等价的电子版航海通告，为其所发行的海图提供持续的改正服务。我国的航海通告由中国人民解放军海军海道测量局发布，主要由索引、通告改正、临时通告和航标表改正附条等部分组成，其内容以文字结合海图符号的形式表达，每周一期，全年共计 52 期（见图 6.3）。

航 海 通 告

NOTICES TO MARINERS

2023 年　第 29 期

项数(1014—1074)　　　　2023 年 7 月 17 日

目　　录

Ⅰ　说明、航海信息、图书消息

Ⅱ　索引、海图改正、临时通告

Ⅲ　航行警告

Ⅳ　航标表改正、无线电信号表改正

中国人民解放军海军海道测量局

CHINA NAVY HYDROGRAPHIC OFFICE

图 6.3　航海通告

发布航海通告的目的并不是对海图要素进行全面更新，而是只更新那些与船舶航行安全密切相关的海部要素，其内容主要包括：① 助航设备的设置、撤除、移位和变更；② 航行障碍物的发现、清除与变更；③ 水深的变化；④ 港湾、码头的变化；⑤ 各种海上区域界线的划定、废除与变更；⑥ 各种海底管道、电缆的敷设和变更；⑦ 航道、限制区的划定与变更等。

航海通告的生产必须结合具体的海图数据环境，这样生产的航海通告才能更好地指导海图用户顺利地完成海图的改正更新。备考图是指海图生产单位保存的一套始终保持较强现势性，可作为资料使用的海图。因为备考图描述了地理要素的最新状态，所以海图生产单位选取备考图作为航海通告数据生产的基础。例如，当在海图上增加新要素时，需要依据备考图对其进行制图综合分析，以及在航海通告上表达要素及注记等内容；同样，当删除要素时，需要依据备考图给出要素的原始内容。

当航海通告正式发行时，海图生产单位将依据航海通告完成备考图的改正，进而由专业人员将备考图上的改正图形转绘到透明纸上，据此完成所有已出版海图（包括库存海图和正在使用的海图）的改正。由此可见，这种绘制有通告改正图形的特殊透明纸，具有了与航海通告相同的海图改正功能，可认为是航海通告的另一种图形表达形式，称为海图小改正纸样。

第三节 海图使用管理怎么做

如何确保海图的制作出版符合规定标准？如何保证海图的阅读使用能够达到预期效果？考虑到这些问题，我们需要针对海图制作过程进行质量控制并对成图后的产品进行质量评价。

一、纸质海图质量管理与评估

（一）纸质海图质量检查和验收

1. 原图的校对、审查及验收

原图的校对、审查和验收又称海图的三级验收，是对海图质量的全面检查和把关。

1）原图的校对

原图的校对是指对原图的质量进行全面、系统的检查，进而消灭错漏和图上的其他不合理问题，使其符合编辑对海图提出的设计要求。核对内容包括数学基础、资料使用和转绘、编绘规定、制图综合、关系处理、错漏情况、文字注记、接幅、改正和图历表填写等。

2）原图的审查

原图的审查是指对原图的又一次检查，通常由制图编辑完成，因此也是对原图校对工作的检查。编绘原图及出版原图的审查内容基本相同，具体如下。

（1）数学基础中的经纬网、公里网、图廓是否准确，坐标系、基准面是否正确。
（2）制图资料使用是否正确无误。
（3）各主要要素的制图综合是否正确，相互关系是否合理。
（4）助航设备和障碍物是否有遗漏。
（5）所有注记是否正确，图上配置的图表及说明文字是否正确。
（6）图廓整饰及图廓外注记是否正确。
（7）根据航海通告进行的改正是否正确、完善。
（8）本图与邻接图以及同地区其他比例尺图的主要内容是否统一，与航路指南、航标表等是否统一。
（9）各阶段的制图人员对图历表的记载内容是否完善。

3）原图的验收

原图的验收是指出版机关或其委托部门对原图进行的重点检查，也是对校对工作和审查工作的检查。验收内容如下。

（1）数学基础是否正确。
（2）制图资料的使用是否正确。
（3）助航设备、航行障碍物的表示是否正确。
（4）主要注记、说明文字及图面配置的图表是否正确。
（5）图廓整饰及图廓外注记是否正确。
（6）根据航海通告进行的改正是否正确、完善。
（7）各阶段制图人员对图历表的记载内容是否完善。

2. 彩色试印样图的审查和验收

彩色试印样图首先由印刷厂对其校对，然后由编辑人员进行审查和验收。审查和验收内容如下。

(1) 各要素有无遗漏、双影和错误。
(2) 各要素的用色是否正确，图内要素有无残缺、断线以及版面擦伤、污点等毛病。
(3) 套合精度是否合乎规定。一般以黑色要素版为准，各线划符号的同向套合误差不超过 0.3 毫米，普染要素的套合误差不超过 0.5 毫米。
(4) 图廓间、图廓外的全部整饰有无遗漏和错误。
(5) 在工厂复制过程中，根据航海通告改正的内容是否正确、完善。

彩色试印样图审查中发现的问题在样图上标出，由工厂据此修改制版。如果发现的问题是由原图编绘或刻绘造成的，就要查核资料，妥善处理。

3．印刷成品的验收

海图印刷完成后，应对其成品进行验收，验收的内容如下。

(1) 检查印刷的墨色是否符合规定的色标，色调是否均匀，印迹是否清晰实在，图面是否清洁。
(2) 检查各要素的套合是否符合精度要求。一般以黑色要素版为准，各线划符号的同向套合误差不超过 0.3 毫米，普染要素的套合误差不超过 0.5 毫米。
(3) 检查注记是否齐全，是否有污点、双影和漏印要素等。

（二）纸质海图的质量评定

1．纸质海图质量评定内容

海图质量评定包括对编绘原图、出版原图和印刷原图质量的评定，一般是在制图编辑和业务机关验收的基础上做出的。

(1) 编绘原图。编绘原图的质量评定是从编辑设计、数学基础展绘和资料转绘、制图综合、错漏及工艺五个方面进行的。
(2) 出版原图。出版原图的质量从精度、错漏和工艺三个方面评定。
(3) 印刷成图。印刷成图质量从印色、套印精度、内容差错、装订/版面裁切和图面整洁五个方面评定。

2．海图质量评定方法

海图质量评定方法较多。采用的方法原则上应能使海图评定客观、公平、合理,并且具有较强的操作性。现以海军出版社对航海图质量评定方法为例加以说明。

航海图质量评定按百分制分项打分,采用合格(60~74 分)、良好(75~89 分)、优秀(90~100 分)三级进行评定。根据每项内容的性质和重要程度采取不同的权重。

1) 编绘原图各项权重

编辑设计为 10%;数学基础展绘和资料转绘为 20%;制图综合为 20%;错漏为 40%;工艺为 10%。

2) 出版原图各项权重

精度为 20%;错漏为 50%;工艺为 30%。

3) 印刷成图各项权重

印色为 30%;套印精度为 20%;内容差错为 20%;装订或版面裁切为 20%;图面整洁度为 10%。

所有错漏评定采用错漏数(指一般错漏)与图幅任务工天数相联系。例如,编绘原图错漏分数按错漏数与图幅任务工天数之比平均 6 工天以上出现 1 个错漏只能在合格分数线内打分;平均 10 工天以上出现 1 个错漏只能在良好分数线内打分;平均 15 工天以上出现 1 个错漏可在优秀分数线内打分。另外,对出版原图的刻(清)绘精度评分标准为:各要素刻(清)绘精度 80%小于限差只能在合格分数线内打分;90%小于限差只能在良好分数线内打分;100%小于限差可在优秀分数线内打分。

二、数字海图质量管理与评估

(一)数字海图质量管理

质量管理应贯穿于数字海图生产的全过程,各道工序在严格按照有关作业规范、规定、方案和图式进行作业的同时,还必须从以下几方面进行管理。

1. 图历表的质量管理

图历表是制图作业的指导性文件,是制图规范、图式和方案的补充和具体化，表中详细记载海图编制的全过程、成图质量和主要问题的处理情况，作为技术档案，长期保留，以便备查。图历表主要由制图编辑、计算员、编绘员、数字化作业员和各级审校验收人员填写。

2．编绘原图的质量管理

体现责任编辑的设计思想，满足编绘作业标准要求，以及扫描仪和数字化作业的特殊要求。同时要经过三级验收，其内容和要求同纸质海图的内容和要求一样。

3．数字化成果的质量管理

数字化作业人员应严格按照《军用数字海图数据采集和处理规则》《数字化作业有关问题说明》以及其他有关规定进行作业。数字化成果的质量管理包括数字化成果的质量标准、错漏的判定和数字化成果的质量检查。

1）数字化成果的质量标准

（1）数字化原图的配准精度和各要素采集精度符合要求。
（2）图廓整饰符合图式规定或与数字化原图一致。
（3）各要素代码正确。
（4）线条光滑连续，多边形必须闭合，面状要素的拓扑关系正确。
（5）各要素的属性数据完整正确。
（6）相对于数字化原图，各要素的采集无遗漏现象。
（7）无冗余数据。
（8）图幅接边处各要素拼接准确。
（9）文本信息完整正确。
（10）图历表填写完善、符合要求。

2）错漏的判定

凡不符合本规定上述质量标准者，均可判为错漏。

3）数字化成果的质量检查

数字化成果的质量检查主要采用绘制检查图样（每幅图必须绘制全要素样和属性样两种）检查并辅以上机抽查的方式，分作业组长、校对员、编辑和总师室四道检查工序。

4. 数字海图退图规定

1）退图实施要求

（1）送总师室验收的图幅，因资料采用错、坐标改正错、要素分层错等造成的退图，由制图室返工重新制作，因错漏多造成的退图，由制图室组织编校人员重新检查并经修改后，再交总师室验收。
（2）被退回制图室的图幅，其质量评定和惩处仍按《图书生产质量评定标准和质量奖惩的有关规定》执行。

2）退图实施条件

凡出现退图条件规定中的任何一项重大问题之图幅，即予以退图。

（二）数字海图的质量评估

1. 项目划分

数字海图的质量评定分为多项，在打分时予以不同的权重。数字海图的质量权重如表 6.1 所示。

表 6.1 数字海图的质量权重

项目	分值比例	项目	分值比例
编图设计	5%	制图综合与工艺	10%
数学基础与资料录入精度	15%	错漏	40%
数据拼接	5%	数据一致性、完整性	25%

2. 等级划分

质量等级采用合格、良好、优秀三级分划制。具体评定时采取百分制，60～74 分为合格，75～89 分为良好，90～100 分为优秀。

3. 质量评定

数字海图以图幅为单位进行质量评定，评定时先确定各单项的分值，再按每项分值计算出图幅的总分，根据总分确定图幅的质量等级。

4. 质量评定细则

参加质量评定的数字海图必须数据完整、可用。数字海图从以下六个方面进行质量评定。

(1) 编图设计。
(2) 数学基础与资料录入精度。
(3) 数据拼接。
(4) 错漏。
(5) 数据一致性、完整性。
(6) 制图综合与工艺。

5. 质量检查方法

根据图历表和制图资料检查编辑设计阶段的工作质量，将绘出的全要素检查图和数字化原图在透台上叠加，检查要素有无漏录、错录和重录现象，要素有无移位现象，线状要素是否光滑。打印出数值、属性列表等进行检查。在系统上通过显示器检查在校样上难以检查的内容。用数据检测软件检测属性值的值域是否超限、数据有否重复录入、拓扑关系是否完整、数据密度是否超限等。

三、海图评价

海图评价就是对海图的要素和性质进行多方面的研究，以阐明海图的特色和质量，并从具体目的出发，确定海图的适用程度。因为情况不同，对海图的评价也要采用不同的标准和方法。例如，对海图进行鉴定、鉴别以及选择使用时，其评价标准和侧重点有很大差异。但是，不论何种评价，其根本的影响因素只有一个，那就是"用途"。用途不但指海图的设计用途，更主要指进行本次评价时使用海图的目的，即海图"此时的用途"。在进行海图的分析评价时，要将用途作为评价的基本出发点，随时将海图的性能与用途进行对照。

为编制海图而进行的资料评价，主要是对作为资料的海图（包括其他图件如地形图、海道测量资料等）进行考察、了解并做出对资料的使用意见，确定哪些资料可以作为编图的基本资料，哪些资料可以作为补充资料或参考资料。在制订编图大纲时，也需要对海图进行分析评价，以确定海图应表示的内容、制图综合的程度和采用怎样的表示方法等。在编制海图的过程中，为了解决各种资料之间的协调一致，也需要对海图资料进行评价，对已完成的海图原图，需要评价其是否达到制图的要求。

（一）海图评价的标准

1. 海图的科学性

海图的科学性包括：① 指标的完整性；② 内容的可靠性；③ 资料的现势性；④ 制图的精确性；⑤ 海图之间的统一协调性。

2. 海图的艺术性

海图的艺术性包括：① 表示方法和符号设计的直观性；② 内容的清晰易读性；③ 图面配置的合理性；④ 海图的视觉感受效果；⑤ 海图的政治思想性；⑥ 海图的实用性。

（二）海图评价的步骤

1. 一般性读图

识别图例、注记、点和线在坐标图中的位置，明确图像表达的意义，获取直接的信息。

2. 海图的分析和解译

海图是形象符号模型，海图形象（各种符号色彩的组合）不仅依靠各种变量的组合，而且依靠空间位置相互关系的变换。海图的阅读分析包括如下内容。

(1) 单一内容的阅读分析与对比分析（各部分共性、差异性），分析制图对象的形态、结构与形成机制。
(2) 各内容（要素）综合分析与相关分析（各要素共性、差异性），分析制图对象多方面的特征及其相互影响与作用。

第四节　世界海图组织是什么

为了促进国际间海图制图学的发展，加强国际间技术合作和交流，同时推进这一领域的科研活动，以及发挥海图制图学的教育作用与科普工作，国际间涌现了许多涉及海图管理、交流、应用等方面的官方或非官方组织机构。

一、国际主要制图组织

（一）国际制图协会

国际制图协会（International Cartographic Association，ICA）是由世界各国制图学术团体联合组成的学术组织，属于非政府间组织，它于 1959 年 6 月 9 日在瑞士伯尼尔成立，驻地设在秘书长所在国。国际制图协会标志如图 6.4 所示。ICA 是世界地图制图学界的权威学术组织，下设 17 个专门委员会。协会的宗旨是促进国际间地图制图学的发展，加强国际间技术合作与交流。协会每两年举行一次国际制图会议，定期出版物有《国际地图制图学年鉴》（每年一卷）、ICA 通讯和 IGU 通讯（半年刊）。

图 6.4　国际制图协会标志

任何从事制图的国家，只要同意在经费上支持协会并在科学与技术活动中积极合作，均可被接纳为 ICA 的会员国。但是，每个国家只能有一个国家级制图协会或同类组织代表该国家成为会员。除国家会员外，ICA 还接纳来自国际、国家的科学技术组织或其他组织成为其"合作会员"。每个会员国在全体代表大会上有一票的投票权。合作会员没有投票权。中国测绘学会于 1980 年加入国际制图协会，成为该组织的国家会员。中国成为国际制图协会成员国后，认真履行成员国职责，积极参加各项活动，在 1997 年斯德哥尔摩举行的第 18 届国际制图大会上，我国申办第 20 届国际制图大会获得成功。在此次大会期间举办了国际地图展、中国古地图展和国际测绘及相关领域的技术商贸展览。

国际制图协会的任务是在国际范围内促进和提高地图制图学这一学科和行业的发展。国际制图协会通过与国家和国际的政府机构、商业实体，以及其他国际学术团体的合作实现如下目标。

（1）致力于在决策过程中应用地图制图学来理解和解决在世界范围内存在的问题。

(2) 促进国际间以地图为载体的环境、经济、社会和空间信息的传播。
(3) 组织全球性论坛，讨论地图制图学在社会中的角色和地位。
(4) 促进地图制图新技术和新知识在各国尤其是发展中国家间的传播。
(5) 组织或推动跨国间的地图制图学研究，以解决其学术和应用问题。
(6) 通过出版物、研讨会和学术会议，从最广泛的意义上加强地图制图学的教育。
(7) 促进地图制图学专业与技术标准的应用。

国际制图协会的代表大会每四年召开一次。代表大会闭幕期间，由执行委员会和秘书长办公室处理日常工作。为了交流地图制图学方面取得的研究成果和进展情况，协会每两年举行一次国际地图制图学会议，由会员国轮流主办。协会下设各种专门委员会和工作组。1980年举行的第6届代表大会上决定成立11个专门委员会：① 地图制图学进修委员会；② 地图制作委员会；③ 计算机辅助地图制图委员会；④ 地图制图信息传输委员会；⑤ 地图制图学史委员会；⑥ 海洋制图委员会；⑦ 城市制图委员会；⑧ 利用卫星图像专题制图委员会；⑨ 统计地图制图委员会；⑩ 国际专题制图地理底图委员会；⑪ 自然和区域规划制图委员会。

（二）国际海道测量组织

国际海道测量组织（International Hydrographic Organization，IHO）为政府间组织，其成员为沿海国家政府，总部设在摩纳哥。国际海道测量组织的标志如图6.5所示。IHO是协调各国海道测量及有关活动的政府间组织，是技术咨询性组织。它的宗旨是：协调各国海道测量部门的活动，尽最大可能统一海图和航海资料；采取切实可行的方法促进测绘学和海洋学成就在海洋测绘中的应用，发展海洋测绘科学与技术。

图6.5 国际海道测量组织的标志

海道测量的国际合作有较长的历史。1899 年在华盛顿、1912 年在圣彼得堡召开的国际海事大会上，就讨论了海道测量的国际合作问题。后经英、法海道测量官员建议，于 1919 年 6 月在伦敦召开了有 24 国代表参加的首届海道测量大会，会上决定成立常设机构。经过筹备，于 1921 年 6 月 21 日正式成立国际海道测量局，当时有 19 个成员国，总部设在摩纳哥。1967 年在摩纳哥召开的第 9 届国际海道测量大会上制定了政府间《国际海道测量组织公约》，此后，国际海道测量局就成了国际海道测量组织的总部机构。1970 年 9 月 22 日经联合国注册正式成立国际海道测量组织，每五年召开一次大会，由会员国政府派代表参加。中国是国际海道测量组织的发起国之一。

国际海道测量组织的组织框架如下。

（1）国际海道测量大会。大会由各成员国政府代表组成，每五年召开一次，为 IHO 最高权力机构。
（2）国际海道测量局。国际海道测量局由指导委员会、国际海道测量组织的技术人员和行政人员组成。该局除召开会议，就该组织的有关技术和职权问题与成员国政府进行协商外，主要职责是努力实现该组织宗旨所规定的目标。
（3）IHO 指导委员会。指导委员会由国际海道测量大会选举出的三个不同国籍的成员组成，然后由大会在三人中选举一名主席，任期五年。
（4）IHO 技术委员会或工作组。
（5）IHO 区域性海道测量委员会。

其中，临时性工作委员会或工作组是根据国际海道测量教育、科学和技术的发展状况而设的。涉及电子海图显示与信息系统（Electronic Chart Display and Information System，ECDIS）的临时工作委员会或工作组主要有：① IHO 海道测量服务和标准委员会，其前身为信息系统海道测量需求委员会；② 世界电子海图数据库委员会；③ IMO/IHO 电子海图显示与信息系统。

ECDIS 相关标准的主要起草者是信息系统海道测量需求委员会，即现在的 IHO 海道测量服务和标准委员会。该委员会由 IHO 的电子海图显示与信息系统委员会）和数字数据交换委员会以及和纸质海图与航海书表标准化相关的机构于 1995 年合并而成，目前下设六个工作组：① 海图色彩与符号工作组；② 海图标准化与纸质海图工作组；③ 数据质量工作组；④ 航海书表标准化工作组；⑤ 数据保护工作组；⑥ 传输标准维护与应用开发工作组。

此外，2004 年前还曾设有海图改正更新工作组和技术术语工作组。

国际海道测量局还鼓励在海洋测量、海图研究、资料收集等方面有共同课题的国际海道测量组织成员国建立地区性海道测量委员会，以促进相互间的协作和地区海道测量事业的发展。到目前为止，已成立的地区性海道测量委员会有十多个，如北海海道委员会、美/加海道测量委员会等。我国参加的是东亚海道测量委员会，包括日本、韩国、菲律宾等东亚濒海国家。

国际海道测量组织在促进航海图书标准化、编制国际成套海图、设立无线电航行警告机构、进行技术人员培训、编制 IHO 海道测量手册、更新 S-57 数字海道测量数据传输标准、发行国际海道测量组织出版物等方面广泛开展活动。

国际海道测量局的定期出版物主要是《国际海道测量评论》《国际海道测量简报》和《年鉴》，属于 P 系列。不定期的出版物主要有：① B 系列的水下地形数据与命名规范标准；② S 系列的特殊出版物；③ M 系列的综合性出版物。有关电子海图技术的标准属于 S 系列。

（三）国际测量师联合会

国际测量师联合会（Federation International des Geometres，FIG）是国际最著名的测绘机构之一，是研究、讨论国际测量界所有领域问题的中心，属于非政府间组织。国际测量师联合会的标志如图 6.6 所示。国际测量师联合会成立于 1878 年 7 月 8 日，最初由法国、比利时、德国、英国、意大利、瑞士和西班牙七国的测量组织在巴黎集会时发起。目前已有 55 个正式会员国，我国于 1981 年加入。

图 6.6　国际测量师联合会的标志

国际测量师联合会的宗旨是：联合世界各国的测量团体或国家机构共同讨论与本专业有关的相关问题；建立各会员国测绘学会的联系；报道各国测量专业人员的社会条件；奖励、自主、推广测绘研究成果；协调专业教育；组织学术会议和技术展览；推动测量工作的开展。

根据会章（1999 年），会员资格和类型分为 5 种。

（1）学会会员：代表测量领域一个或多个学科的各国相关专业学会。
（2）联系会员：前述学会会员中具有专业资格的测量师团组。
（3）支持会员：为测量专业提供服务的机构和企业、代理。
（4）学术团体会员：测量学科研究机构和组织。
（5）通讯会员：尚未有学术团体加入 FIG 的国家和地区，可由 FIG 指定。

初建时国际测量师联合会仅有 7 个成员组织，截至 1999 年已有近 100 个国家的各类会员。

国际测量师联合会的最高决策机构是全体大会，每三年召开一次全体大会，大会闭幕期间由常设委员会主持工作，每年举行一次常设委员会会议，并随时发行《FIG Bulletin》（国际测量工作者联合会简报）。

FIG 的学术活动分九个技术委员会进行，如表 6.2 所示，其中第四委员会负责海洋测绘领域。

表 6.2　FIG 委员会

委员会	工作范围
第一委员会	专业训练、体制编制、法律制度
第二委员会	职业教育和文献
第三委员会	土地信息系统
第四委员会	海道测量
第五委员会	测量仪器和方法
第六委员会	工程测量
第七委员会	地籍和乡村土地管理
第八委员会	城市土地系统规划与开发
第九委员会	不动产估价与管理

国际测量师联合会还设有公报和年报编辑委员会，负责出版：

(1) 国际地籍测量和土地管理局出版物。
(2) 国际测量师联合会通报。
(3) 辞典。已出版的有波、俄、德、英、法对照的测量辞典，俄、捷对照的测量辞典，德、俄对照的测量辞典，以及英、俄对照的大地、航测、制图辞典等。

(四) 国际海事组织

国际海事组织（International Maritime Organization，IMO）是侧重于航海需要的国际组织。1948 年在日内瓦召开的一次国际会议上决定成立有关国际海事问题的组织，1958 年 3 月成立"国际政府间海事协调组织"，次年举行了新组织成立的第一届大会，1959 年成为联合国的专门机构，总部设在英国伦敦。1975 年国际政府间海事协调大会决定，自 1982 年 5 月起该组织更名为国际海事组织（IMO），成为国际海事方面的权威机构。国际海事组织的标志如图 6.7 所示。

图 6.7　国际海事组织的标志

1959 年第一次海事组织大会时有 28 个成员国，现有 164 个成员国和 3 个联系会员。我国于 1973 年 3 月 1 日加入该组织，对口单位是国家交通运输部海事局，已连续 7 次当选为 A 级理事国。国际海事组织的成员国目前拥有 98.6%的世界商船吨位，许多重要的公约文件基本实现了全球覆盖。国际海事组织已与 36 个国际政府组织和 63 个非政府组织建立了联系和协作。

国际海事组织的宗旨是：促进国际贸易航运业的合作；鼓励各国在海上安全和航行效率有关问题上普遍采用最高可行的标准及取消对国际贸易航运业的歧视行为和不必要的限制；研究联合国或其他专门机构可能提交的有关航运的问题和有关航运业所采取的不正当的限制措施问题；为各国政府交换组织所研究问题的信息。国际海事组织目前最重要的任务就是保证船只航行安全，防止因船只造成的海洋环境污染，营造"更安全的航行，更清洁的海洋"的国际航运环境。

涉及电子海图技术标准的部门主要是国际海事组织的海上安全委员会下属的航行安全分委员会。国际海事组织关于电子海图技术的标准主要是 IMO A.817《电子海图显示与信息系统（ECDIS）性能标准》（更新到 1999 年 3 月），以及《国际海上人命安全公约（SOLAS）》第五章。其他与电子海图技术有关联的标准则是 1991 年的 IMO A.694《全球海上遇险与安全系统船载无线电设备和电子导航设备的一般需求》，以及关于罗经、计程仪、自动雷达标绘仪（ARPA）等船用导航设备的性能标准。

二、我国的主要制图机构

（一）中国航海图书出版社

按照《中华人民共和国测绘法》有关规定，海军负责管理中华人民共和国的海洋基础测绘工作。中国人民解放军海军司令部航海保证部是中华人民共和国官方海道测量机构，也是中华人民共和国唯一法定的官方航海图书出版机构，负责管理国家海洋基础测绘工作，向国内外发行、供应航海图书资料，发布航海图书改正信息，提供海洋测绘相关服务。业务方面下设专门的人才培养院校、测绘技术研究所、测量及调查船队、航海图书出版社、印刷厂、图书供应站和图书代理机构，航海图书产品发行到世界 100 多个国家和地区，国内固定用户单位有近千家。多年来，海军司令部航海保证部出版的航海图书在海上交通运输、渔业捕捞生产、海洋矿产资源开发、海洋科研、海洋资源和环境保护、维护海洋权益，加强国际、国内合作等方面发挥了重要作用。

中国航海图书出版社（标志见图 6.8）是业务上隶属海军司令部航海保证部管理的航海图书生产执行机构，是代表中国官方出版专业航海图书的指定机构，军内称"海军出版社"，是中国唯一的专业航海图书出版机构，也是中国唯一批量化生产数字海图及相关产品的国家正式出版单位。中国航海图书出版社设有图、书、表簿、图集、期刊出版、翻译、潮汐潮流分析预报、水文气象资料整编、航海通告发布、海洋测绘资料及档案管理、图书管理供应等专业，具体负责海图及配套书表的设计、编辑、制作、更新及航海通告编发工作。中国航海图书出版社集资料信息收集、加工、编辑、成品生产、保管、提供服务于一体，拥有一支专业理论水平高、实践经验丰富、业务素质强的技术队伍。目前，中国航海图书出版社已建立了比较完善的航海图书数字化生产体系，基本实现了无纸化作业，提供多尺度、系列化的常规纸质航海图书和数字化产品。

图 6.8　中国航海图书出版社标志

经过五十多年的发展，海军已逐渐形成品种齐全、标准化程度较高的航海图书生产及出版体系。中国航海图书出版社的产品包括军用和民用两种，以中国海区航海图为主，到目前为止，已根据《中华人民共和国测绘法》有关规定，编制出版了包括海区总图、航海图、港湾图、渔业用图、专题图和图集等在内的各种各类海图几千幅（部）、航海书表几百册，中国海图全套比例尺系列的标准海图共几百幅，7000 余版次，每年生产数字海图 300～500 幅，比例尺齐全，涵盖港湾图、近岸航行图、近海航行图和总图等各种比例尺图，是关于中国海岸带、领海、中国沿海及其邻近海域的最具权威性的海洋测绘资料，图书产品远销世界 100 多个国家和地区，无论是在生产效率方面还是在产品的质量和数量方面，均已跻身世界前列。近年来建立了数字海图生产系统，正式发行（国内）数字海图，并在此基础上建立了普通纸质海图生产系统。同时出版各种航海书表，定期发布航海通告、航标表、航海天文历、航路指南等多种书表共计 300 余种。

海军司令部航海保证部和中国航海图书出版社与日本、英国、美国、挪威、新加坡、马来西亚等诸多国家进行技术交流，参与国际上与航海有关的各种官方、非官方组织的技术交流活动，与 IHO、ICA 及其他众多国际官方和非官方组织保持着频繁的业务往来。

（二）中国海事局

中国海事局（标志见图 6.9）主要负责我国航海保障方面的工作，负责管理沿海航标、无线电导航和水上安全通信，海区港口航道测绘和相关航海图书资料，水上搜寻救助组织、协调和指导等，共承担着沿海五十余个港口、两百多幅港口航道图的测绘工作，目前周期性地更新出版各种比例尺海图 290 多幅，以及引航图集、潮汐表、海图改正通告、港口资料等，形成了具有鲜明特色的我国民用航海图书序列，覆盖我国沿海 60 多个开放港口和重要水道。

图 6.9　中国海事局标志

中国海事局的职能如下：提高我国民用航海图书的质量，做到标准、规范、权威和统一；提高海事航海保障服务水平和沿海国海事履约能力；满足社会发展对航海图书资料不断增长的需要；实现海图编、制、印和发行管理等一体化而授权的航海图书编绘制作及发行管理；建立符合 ISO9001 的质量管理体系；拥有 HPD 海道测量数据库系统、CARIS 等具有世界先进水平的海图制作技术，以及大幅面多色海图胶印机组和快速制印的数码印刷设备；具有专业海洋数据处理、海图/电子海图等航海图书资料编制、印刷技术的能力与工艺。

天津、上海、广东海事局是中国海事局的分支机构，且在上海设有航海图书印刷厂。下面简要介绍各分支机构的分工职能。

(1) 天津海事局海测大队负责北方海区 18 个主要港口的 98 幅港口、航道图的周期性测绘任务。
(2) 上海海事局海测大队（测绘处）负责华东沿海港口航道图（包括检测图和航行图集）的测绘和编辑工作。
(3) 广东海事局海测大队主要承担华南三省区（广东、广西、海南）沿海海区二十多个港口航道及港池的周期性测量及相应七十多幅海图的出版工作，拥有进口绘图机、海图编辑站，以及五艘专用测量船。

第五节　海图制图师做什么

"率土虽广，披图可明。"海图是航海过程中必不可少的参考工具，是航海者观察海洋乃至世界的眼睛。最古老的波特兰海图早在 14 世纪初期就已在舰船上广泛使用，可用于航海评估及设定航线。当时的海图绘图员普遍由画家兼职，所以又称海景画家，他们经常随行舰船，顶着战争的炮火去完成海图的绘制。如今，海图制图师早已成为一个独立的职业，但是海图的艺术性、实用性以及绘图人员的坚韧、严格品质仍然传承下来。那么身为一名海图制图师，如何才能承载旧有的制图精神，在日新月异的新时代做到真正的与时俱进呢？

　　首先，我们要秉持"真实、准确、细致、及时"的业务作风。这样，就要求我们既要保证海图内容的实事求是，又要追求制图手段的精益求精；既要维持制图过程的一丝不苟，又要做到海图保障的适当其时。而且，海图制图师的工作内容早已不限于纸质海图，还涉及电子海图；不限于海图产品，还包括航路指南、推荐航法、港口资料、航标表、航海天文历、航海通告等相关的海洋保障产品。海图制图师的职责就是制作海图及相关海洋保障产品，为海洋渔业生产、海上油气开采、海底管线铺设、海洋综合调查研究以及各类海上军事活动等提供必要的服务与支持。除此之外，由于海图等产品对于海上活动及航海人员的生命财产安全起着至关重要的作用，因此绘制海图及相关海洋保障产品的海图制图师必须具有良好的专业素养，这就涉及认定海图制图师的能力的相关标准。可以说，所有海图制图专业领域面临的挑战都是关于如何更好地确保高标准的连续性。为了实现这一目标，三大国际组织（国际测量师联合会、国际海道测量组织和国际制图协会）制定了行业内的国际标准，适用于机构或专业团体的教育训练大纲和能力确认方案，旨在让有一定经历的海图制图师成为所在领域的高级专家，或者成为交付产品和进行服务的专业技术人员。

　　"不按图籍，不可以知阨塞；不审形势，不可以施经略。"海图制图师不是一个空谈的职业，它需要海图制图人员确实拥有一定的航海或业务培训经历，深入经历从理论基础到技能掌握再到业务熟练的过程，并且积极随着制图方法的革新以及制图理论的进步去不断完善自我，这样才能最终制作出好的图集、航海资料以及其他相关海洋保障产品。

　　总而言之，海图制图师应能基于基本理论并按照国际上采用的规范，有效地解决与现代航海图、电子航海图和专用海图的计划与生产相关问题，及时跟踪国际海图制图理论、技术与方法的现状和发展，进一步提升专业素养，锻炼业务能力，提高岗位履职能力。

小　结

　　海图是航海的重要工具，世界各国对海图的使用和管理均有严格的法律法规，我国著作权法规定海图作为特殊职务作品，产权不得归属个人。本章介绍了海图知识产权、航海通告、海图使用管理规定、世界海图组织、海图制图师等内容，宣传普及海图相关法律知识，帮助读者了解世界各国管理使用海图的常识。主要内容包括：① 海图知识产权；② 航海通告；③ 海图使用管理；④ 世界海图组织；⑤ 海图制图师。

07 海图与数字海洋对人类生活的影响

海图学经历了悠久的历史发展，积累了雄厚的技术储备和丰硕的工作成果。随着人类在基础科学方面的知识进步，特别是在信息科学、认知心理学、计算机技术和航天工程领域的历史性突破，海图学也已经并继续取得日新月异的发展，展现着巨大的发展潜力。从实际工作的视角观察，海图学的发展重点将表现在工程技术和服务基础等领域的突破与创新方面。

第一节 下一代海图制图体系是什么样的

随着信息技术的发展，海图制图的重点从信息获取与表示转向智能化处理、生成最终产品，屏幕海图、超媒体、多媒体、动画和虚拟现实海图将得到普及和应用。海图数据标准的统一、传输协议和通信标准的一体化，将为海图学理论和技术的发展提供基础平台，进而实现海图空间信息的互联、互通、融合、集成和互操作。海图数据源的多元化及海图数据库、海洋地理信息系统、海洋虚拟现实与海底地形仿真等必将成为未来海图制图领域发展和应用的方向。

在海图制图生产模式方面，海图制图数据采集设备、数据编辑设备、输出与发行设备将日趋集成化、一体化，数据存储与管理设备的容量不断加大，管理更加便捷，网络支持设备更加安全、可靠。海图生产将彻底告别手工制图时代，海图信息源将由以现有海图、地图、统计资料为主，转变为以遥感资料、可共享数据库数据和 Internet 网络数据源为主，地理信息在线分析与制图和地理信息智能服务技术将广泛应用于海图制图，实现制图过程（包括制图综合）、海洋地理信息表达的智能化。海图制图工艺将趋于简单，海图的制作者（主体）将与海图的使用者（客体）逐渐趋同；将实现全球化的分布式异构海图数据无缝拼接和远程联通，通过对空间数据融合，消除因空间数据模型、物体的分类分级和几何位置的精度等引起的差异，实现空间数据的共享，扩大空间数据使用范围，减少空间数据的维护和获取费用。多波束测量技术的应用，将进一步改进制图工艺，提高海图产品化的实时性，扩大海洋测绘产品的多样性。

一、新一代海道测量数据传输国际标准

(一) IHO S-57 标准的局限性

IHO 自 20 世纪 90 年代起,为了满足海道测量部门及电子航海图显示与信息系统生产商和用户交换、使用海道测量数据的需要,推出了 S-57 标准。但 S-57 标准几乎只服务于电子海图显示与信息系统(Electronic Chart Display and Information System,ECDIS)中的电子航海图(Electronic Navigation Chart,ENC)的编码。S-57 标准不是一个被国际 GIS 领域广泛认可和接受的现代化标准。S-57 标准的维护机制不太灵活,长时间冻结标准会导致效率降低。按照目前的结构,难以支持未来的需求(如网格化测深或时变数据)。数据模型嵌入在一个封装的数据中,限制了模型的灵活性和扩展性。许多人认为它不是一个开放的标准,只服务于 ENC 数据的生产和交换。

为此,IHO 于 2001 年正式将开发通用海道测量数据模型(S-100 标准)纳入工作计划,由 IHO 的传输标准维护及应用开发(TSMAD)工作组负责进行开发。2010 年 1 月,推出了 S-100 标准 1.0.0 版,2015 年 1 月发布了 S-100 标准 2.00 版(草案),如图 7.1 所示。同时,S-100 的开发也得到了来自海洋测绘部门、工业界和相关院校的积极参与。

S-100 标准最终将取代目前的海洋测绘数据传输标准(S-57)。由 S-57 到 S-100 的转换受到 IHO 的严格监控,以确保目前的 S-57 用户,特别是与 ENC 相关的用户不会受到太大的影响。在可预见的未来,S-57 仍将继续作为 ENC 的数据标准而存在。同时,在涉及海洋测绘数据和应用时,特别是需求没有固化时,鼓励目前或潜在的用户尽量使用 S-100 标准开发,以便为标准的发展和完善提供支持。

(二) IHO S-100 标准目标

制定 S-100 标准的主要目的是支持更多的海道测量数字化数据源、产品以及用户的需求,其中包含影像和栅格数据、三维时变数据(x, y, z, t),以及超出传统海道测量范围的最新应用(如高密度水深测量、底质分类、海洋 GIS 等)。新标准将提供基于网络的数据获取、处理、分析、访问以及表示的服务。图 7.2 展示了 S-100 标准体系。

其他目标如下。

(1) 将数据内容与载体(文件格式)分离。由此,数据的操作和编码就可以脱离单一的数据交换机制。

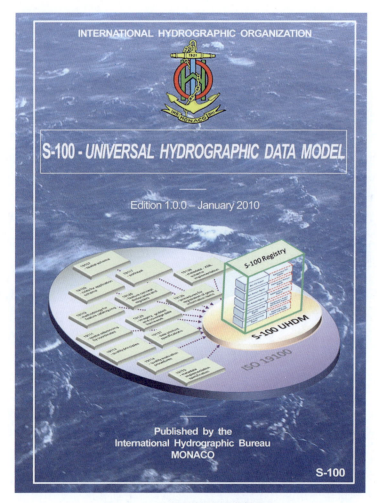

图 7.1　S-100 通用海道测量数据模型

图 7.2　S-100 标准体系

（2）具有更高的修改适应性。未来的产品规范建立在一个核心数据模型上，该数据模型具有自适应性，以满足不同测量组织的需求。这就使得相关核心标准无须进行版本升级就可得到更新（通过扩展）。

（3）IHO 网站上有一个与 ISO 兼容的注册，其中含有的要素数据字典、产品要素分类非常灵活，并且具有扩展能力。

（4）为其他用户提供单独的注册服务。包括新产生的要素/属性以及附加产品规范（如航海出版物、内陆电子海图产品规范等）。

（5）使用了 ISO 开发组件及术语体系，有助于促进 S-100 在海道测量及其他类型地理空间中的应用。ISO/TC211 基本标准框架的采用，使其他单位或组织也可使用基于 S-100 标准框架的海道测量数据。因此，更便于海道测量组织使用其他来源的地理空间数据，如整合地形和水深测量数据来绘制海岸带地图。

图 7.3 展示了 S-100 的数据模型，图 7.4 展示了 S-100 模型与标准之间的关联关系。

（三）IHO S-100 标准的组成

S-100 继承和引用多个 ISO 19100 系列标准中的相关部分。以下给出相关部分的名称、编号和 ISO 19100 标准，如表 7.1 所示。

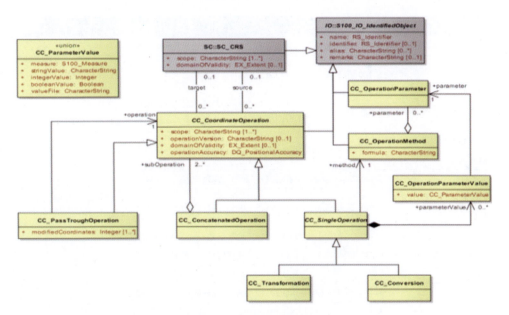

图 7.3　S-100 的数据模型

178　海图知识图谱解析

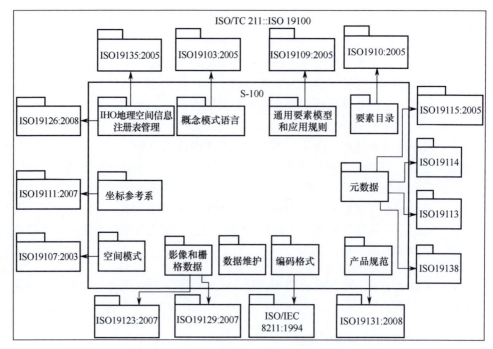

图 7.4　S-100 模型与标准之间的关联关系

表 7.1　S-100 标准相关部分

部 分 名 称	部 分 编 号	ISO 19100 标准
概念模式语言	S-100 第 1 部分	ISO 19103: 2005，地理信息——概念模式语言
IHO 地理空间信息注册表管理	S-100 第 2 部分	ISO 19135: 2005，地理信息——地理信息项目注册程序
要素概念字典注册表	S-100 第 2a 部分	ISO 19135: 2005，地理信息——地理信息项目注册程序 ISO 19126: 2008，地理信息——要素概念字典和注册表
通用要素模型和应用模式规则	S-100 第 3 部分	ISO 19109: 2005，地理信息——应用模式规则
元数据	S-100 第 4a 部分	ISO 19115: 2005，地理信息——元数据
影像和栅格数据的元数据	S-100 第 4b 部分	ISO 19115: 2005，地理信息——元数据
元数据—数据质量	S-100 第 4c 部分	ISO 19113，地理信息——质量基本元素 ISO 19114，地理信息——质量评价程序 ISO 19138，地理信息——数据质量度量
要素目录	S-100 第 5 部分	ISO 19110: 2005，地理信息——要素编目方法
坐标参照系	S-100 第 6 部分	ISO 19111: 2007，地理信息——基于坐标的空间参照

（续表）

部 分 名 称	部 分 编 号	ISO 19100 标准
空间模式	S-100 第 7 部分	ISO 19107: 2003，地理信息——空间模式
影像和栅格数据	S-100 第 8 部分	ISO 19123: 2007，地理信息——数据覆盖区几何特征与函数模式 ISO 19129: 2007，地理信息——影像、栅格和数据覆盖区数据框架
图示表达	S-100 第 9 部分	
编码格式	S-100 第 10 部分	
ISO/IEC 8211 编码	S-100 第 10a 部分	ISO/IEC 8211: 1994，信息交换用数据描述文卷规范、结构实现
产品规范	S-100 第 11 部分	ISO 19131: 2008，地理信息——数据产品规范
S-100 维护程序	S-100 第 12 部分	

除了图示表达、编码格式和 S-100 维护程序部分，其余部分都参照了 ISO 19100 相关国际标准。

如表 7.2 所示，S-100 中的数据模型"注册系统"和"注册表"在 S-57 中不存在，这两个数据模型是针对 S-100 的数据在线注册管理维护机制提出的；S-100 中不再使用 S-57 中的"物标"数据模型，而统一使用数据模型"要素"，对应的 S-57 中的数据模型"属性"和"属性值"在 S-100 中称为"要素属性"和"枚举值"；S-100 中的"要素概念字典"，对应 S-57 中说明特征物标类及描述属性的"物标类目"；S-100 中的数据模型"点""曲线"和"曲面"，对应 S-57 空间物标模型中的"节点""边"和"面"，S-100 中的点、曲线和曲面构成 S-100 空间几何模型中的基本元素；S-100 中的数据模型"应用框架"，对应 S-57 中的"应用简档"。

表 7.2 S-100 与 S-57 数据模型的对应关系

S-100	S-57
注册系统（Registry）、注册表（Register）	无
要素（Feature）	物标（Object）
要素属性（Feature Attribute）	属性（Attribute）
枚举值（Enumerated Values）	属性值（Attribute Values）
要素概念字典（Feature Concept Dictionary）	物标类目（Object Catalogue）
点（Point）、多点（Multipoint）	节点（Node）
曲线（Curve）、曲线片段（Curve Segment）	边（Edge）
曲面（Surface）	面（Face）
应用框架（Application Schema）	应用简档（Application Profile）

S-100 数据模型最重要的意义是，它提供了新一代海洋测绘产品的发展框架，为建立规范性海洋测绘产品标准和规范提供了必要的机制，使各类海洋地理

空间信息能进行广泛的数据交换。然而，S-100 仅提供了一个数据模型框架，并不涉及具体的海洋测绘产品规范。图 7.5 展示了 S-100 系列下的部分标准。

图 7.5　S-100 系列下的部分标准

S-101 标准是一部具体到海洋测绘产品层面的基于 S-100 数据模型的技术标准，涉及 ENC 生产的整个过程，包括 S-101 主体标准、S-101 数据分类与编码指南、ISO 8211 指南和 S-101 执行指南等。S-101 按照 S-100 "产品规范"确立的基本结构和要求建立，与其他基于 S-100 的产品标准采用相同技术框架，如图 7.6 所示。

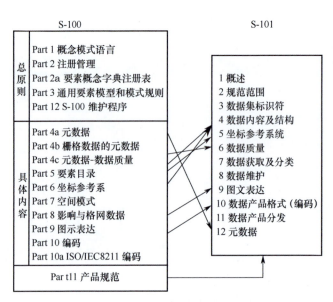

图 7.6　S-100 系列标准的原则与内容

S-101 标准已不再限定 ENC 的航海用途，且文件名长度不是固定不变的（最少的字符数为 3，最大的字符数为 10）。规定 ENC 基础数据集（DATASET）不得大于 10MB。更新数据一般不大于 50KB，绝对不得大于 200KB。

S-57 标准"ENC 产品规范"与 S-101 标准的差异性分析则体现在 XML 化与动态化方面。

XML 化是指 S-101 目录标准采用机器可读的 XML 方式进行存储，便于目录标准升级及交互。动态化是指 S-101 数据结构可以根据需要逐步改进且不影响当前用户，如图 7.7 所示。

```
<! ENTITY % Geometry"(GeometryCollection | Point |
LineString | Polygon | MultiPoint | Multiline | MultiPolygon)">

<Polygon name = "extent" srsName = "epsg: 4367">

<LineString name = "ring" srsName = "epsg: 4367">

<CList>0.0,0.0,1.23,1.56,2.34,4.5,0.0,0.0</CList>

</LineString>

</Polygon>
```

图 7.7　数据格式

S-101 标准的一个重要改进是，引入了"信息类型"的概念，信息类型没有任何空间属性信息，通过关联其他要素类型，描述关联要素的额外信息。S-101 标准的另一个重要改进是，引入了"复杂属性"的概念，复杂属性可简化要素的编码及描述，简化现实世界中相关要素的编码，提高编码及可视化效率。图 7.8 展示了 S-100 标准体系中的助航标准部分。

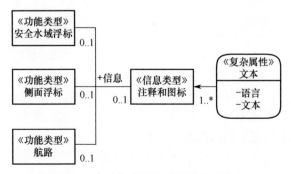

图 7.8　S-100 标准体系中的助航标准部分

此外，实际航海存在部分要素（如灯塔、雷达站等要素）不依比例尺存储和更新，S-57 未对上述要素进行明确规定，导致同一区域要素信息存储在不同比例尺的数据集中，增加了数据不一致性。S-101 标准独立标识不依比例尺的要素，IHO 审核通过不依比例尺的数据类型已达 54 种，作为 S-101 附录列出。

除数据模型结构的差异外，两类标准在数据内容上也体现出一定差异。

S-101 标准定义了包括地理要素、聚合要素、制图要素、元要素等四种要素类型，但潮流、风等海洋测绘产品源数据并不包含在 S-101 标准中，而是作为航海信息覆盖图（NIO）专题要素另建标准。相对于 S-57 标准，S-101 标准中新增要素 17 个、删除要素 21 个、拆分要素 1 个，未保留 S-57 中定义的制图要素。此外，S-101 标准对部分要素属性进行了增加、删除和修改。

二、我国新一代数字海图制图系统

随着 GIS 理论的突破与产品的换代，数字海图向着融合的、同一的数字海洋地理环境方向演变。美国、英国、日本、挪威、瑞典和加拿大等国为了实现数字（电子）海图和模拟（纸质）海图等多种海图产品的一体化同步生产，对多样、异构的海图数据的一体化有效更新，确保海图产品的现势性，研发了一些新的海图制图系统。加拿大 Universal 公司在其早期的基于文件管理的 Caris HOM 系统的基础上，引入了海图主数据库管理技术，推出了 Caris HPD 系统；挪威 Hydroservice AS 公司开发了基于海图主数据库的 dKart Office；瑞典 T-Kartor AB 公司推出了基于海图主数据库的 CPS NG 系统等。核心技术是利用 Oracle 等新一代大型关系数据库系统的强大功能，建立一种有效的基于海图主数据库（通常是一个包括整个海区的大比例尺无缝海图数据库，它只存储要素的几何信息和属性信息，而不存储任何关于海图产品的描述信息）的海图数据无缝隙存储、管理技术，尤其是一体化连动更新机制，使得一旦海图主数据库的数据发生变化，就能通过有关规则驱动并实现各产品库（存放各种海图产品的子数据库，除了存储有关要素的几何信息和属性信息，还存储相应海图产品的描述信息）的同步维护更新。

由于早期版本的 Arc/Info 软件在海图图形输出方面功能较弱（如不支持 EPS 图形格式等），以及输出数据格式不够齐全（如无法输出符合 S-57 标准的电子航海图 ENC 数据）等，我国现行的数字海图生产系统中还存在因使用 MicroStation 和 dKart Editor 软件等多种软件系统而造成的诸多问题。其中，最突出的是在数据格式转换过程中，因不同软件系统在数据模型上的不同所造成的信息损失和海图产品之间的不一致性问题。为了解决上述问题，必须建立面向不同应用需求，基于数据库和同一数据来源（同源）、功能更完善、效率更高、流程更合理的新一代数字海图制图系统。实现数据同源是保证数据一致性、提高现势性的有效方法,而数据在不同领域、不同层次的应用需求则要求实现基于同源数据的不同尺度变换,因此,新一代数字海图制图系统的本质是同源多尺度海图生产理念的建立。

(一)同源多尺度概念

1. 同源与多尺度

同源是指对于任何一个海洋地理空间实体,在海图数据库中只保留一个最精细(质量最好)的数据作为源数据,并为每个要素及其空间几何位置都分配全球唯一的标识符。符合这种要求的源数据实质上是经过多源数据融合后形成的最佳数据;同源是相对于产品数据而言的,产品数据生产时所用的数据来源最终都来自源数据。

多尺度是指海图产品数据可以是不同比例尺的,但不能大于海图源数据的比例尺。源数据和产品数据是相对而言的,海图源数据库中存放的源数据没有固定比例尺——不同区域的源数据在精度和质量等方面可能不同,也就是无级的;而产品数据则按照相应的产品规范,在其数据范围内具有一定的比例尺、精度、质量要求。虽然源数据没有固定比例尺和统一精度,但是不同比例尺或者精度的数据必须以某种方式明确标识,如图 7.9 所示。

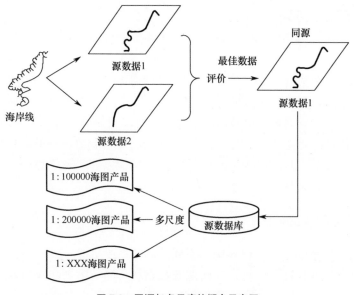

图 7.9 同源与多尺度的概念示意图

2. 源数据与产品数据

在现实世界中，海洋地理空间实体和海图源数据是一一对应的关系，通过要素唯一标识符进行标识。产品数据可以从源数据中派生，但是，如果产品数据与源数据的比例尺跨度过大，那么生产难度大，难以实施，因此也可从相邻较大比例尺的产品数据中派生。无论产品数据是从源数据库中派生，还是从已有产品数据中派生，所有产品数据都能直接或间接地与源数据建立关联，也就是说，本质上所有产品数据都从源数据中派生。整体上看，源数据与各个产品数据之间是一对多的关系，如图7.10所示。

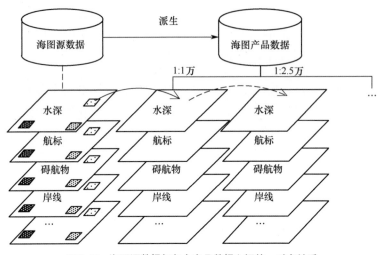

图 7.10　海图源数据与各个产品数据之间的一对多关系

但是，对于源数据和某一产品数据中的要素而言，对应关系可以是一对零、一对一、一对多或者多对一等多种情况，如图 7.11 所示。如果要素对应关系是一对一或者一对多（如要素被产品数据的边界拆分成多个的情况），那么该关系可通过要素唯一标识符自动建立；如果是多对一（如多个居民区在产品数据中被合并为一个居民区）的关系，那么需要建立源数据与该产品数据的要素关联表。另外，不同产品数据之间的对应要素也可建立一对零、一对一、一对多、多对一的关系。

3. 空间几何实例共享池

由于同一要素的空间几何实例在不同产品数据中可能一致，因此，为了避免数据的重复存储并保证一致性，在海图源数据和产品数据之间应加入一个"空间几何实例共享池"。由于海图的用途是决定海图产品数据内容和综合方法的重要因素，用途的不同决定了海图要素在产品数据中具有不同的表达方式，因此"空间几何实例共享池"可以采用源数据的空间几何标识符（产品数据中的空间几何可能由源数据中的多个空间几何综合而来，因此这里源数据的空间几何标识符可能有多个）和产品数据的用途联合对空间几何实例进行标识，保证同一要素的空间几何在同一用途下最多只有一个实例。如果产品数据中某个要素的空间几何实例已经存入"空间几何实例共享池"，那么直接引用该空间几何，否则从源数据或者相邻的较大比例尺产品数据中派生，并将派生后的空间几何实例存入"空间几何实例共享池"，产品数据则引用该空间几何实例。

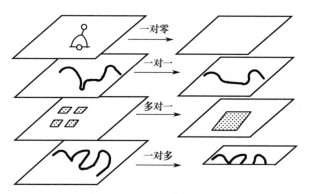

图 7.11　海图源数据与产品数据的要素对应关系

因此，同一源数据在不同用途下具有不同的空间几何实例，如图 7.12 所示；同一用途下的要素空间几何实例可重复用于不同的产品数据中，关系如图 7.13 所示。

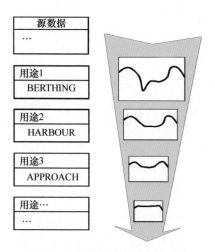

图 7.12　不同用途下的空间几何实例

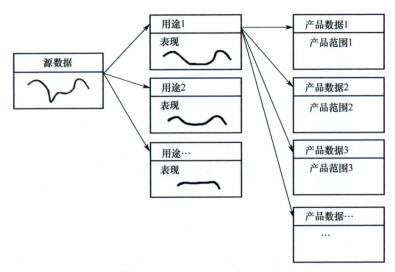

图 7.13　不同用途下空间几何实例与产品数据的关系

（二）同源多尺度海图生产的框架结构

同源多尺度海图生产体系的技术流程如图 7.14 所示。同源多尺度海图生产体系是一个动态更新的体系，需要根据新资料（含航海通告）对源数据和产品数据进行更新，过程如下：首先，收集、整理新资料；然后，使用新资料对源数据进行更新，确保源数据的现势性；最后，将源数据的更新映射到产品数据中。由于海图产品数据中的要素和源数据中的相应要素之间具有关联关系，所以在源数据更新时能够同时对产品数据中的相应要素进行变化标记。这种更新机制的优点是，能够保证产品数据与源数据的一致性和准确性。

该生产体系包含了海图资料库、海图源数据库、多尺度海图产品数据库等三个数据库，分别用于存储和管理原始资料数据、源数据和各类产品数据。对源数据库的更新要源于资料库，但对资料库中要素对象的更新不会直接影响到源数据库，而要经过一定的人工辅助干预才能进行；产品数据库的更新要源于源数据库，当源数据库更新后，产品数据库中所有相关的产品数据必须进行相应的更新。产品数据库可分为纸质海图产品数据库和数字海图产品数据库两类，且分别可进一步细分为多个专题产品库，主要包括民用航海图、远洋定位图、海岸带地形图以及各类专题海图等产品库。

海图源数据库与产品数据库之间的关系如图 7.15 所示。源数据库中存放所有源数据，包括属性信息和空间几何信息，为海图产品（包括纸质海图和数字海图）的生产提供基础地理数据库，并通过源数据编辑器进行维护和更新。产品数据库以源数据库为基础进行构建，海图生产人员可对产品数据进行修改和符号化，但并不改变源数据；根据产品类型的不同，可分别建立不同的产品数据库，并通过相应的产品数据编辑器进行维护和更新。

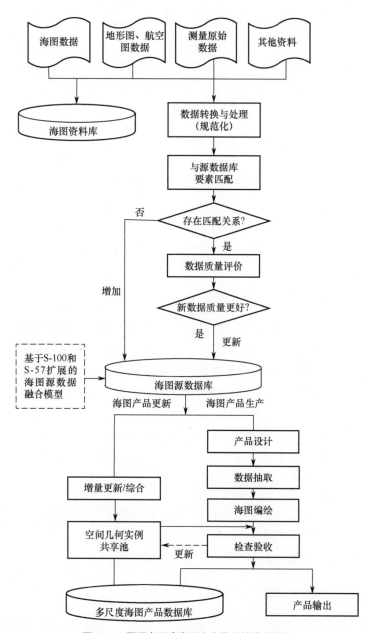

图 7.14　同源多尺度海图生产体系的技术流程

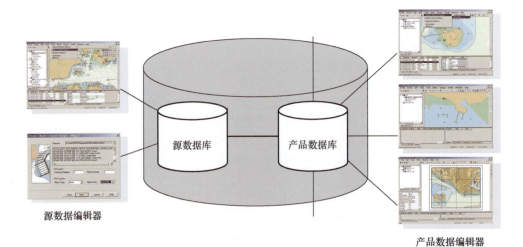

图 7.15　源数据库与产品数据库之间的关系

源数据编辑器能够读取、处理原始资料库中常见类型的地理空间数据，并对其进行分析、处理、转换、融合，形成新的源数据；能够提供强大的查询编辑功能。源数据编辑器还应有一系列标准化的检验工具，以确保空间数据和属性数据的有效性，进而提高海图生产质量。

产品数据编辑器主要包括数字海图编辑器和纸质海图编辑器两类，分别实现数字海图和纸质海图的编辑制作。生产人员可从源数据库中调用相应范围内的源数据进行海图制作和打印输出。与源数据编辑器一样，两种产品的编辑器都应提供强大的数据显示、查询、编辑、校验、认证等工具。数字海图编辑器还应具备数学基础、海图分幅、设计书（图历表）等编辑设计的功能；能够自动调用数字海图产品的目录信息、规范信息；能够实现产品数据的编辑生产和更新。纸质海图编辑器除了应具备数字海图编辑器的功能，还应具备符合海图/专题图图式的符号库、支持图幅整饰、输出 EPS 文件等功能。

资料库用于各种原始资料的存储和管理，这些资料可以是矢量数据，也可以是文字、图片、影像；可以是源数据库中当前使用的资料，也可以是历史资料；可以是目前可用的资料，也可以是目前不可用的资料。

（三）同源多尺度海图生产体系的特点

同源多尺度海图生产体系与现有海图生产体系和 CARIS HPD 海图生产体系三者的区别与联系如表 7.3 所示。

表 7.3 不同海图生产体系的区别与联系

生产体系 比较项	现有海图生产体系	CARIS HPD 海图生产体系	同源多尺度海图生产体系
产品数据来源	多源	在若干比例尺区间内分别实现同源	同源
数据派生关系	源数据与产品数据是多对多的关系，不同数据中的同一要素可能源于不同资料	产品数据从某一区间的源数据中派生，源数据与产品数据是一对多的关系；只允许产品数据与源数据建立关系，且只能是一对一的关系	源数据与产品数据是一对多的关系，产品数据可直接从源数据中派生，也可通过相邻较大比例尺的产品数据间接派生；允许产品数据之间存在要素的派生和关联，且对应关系可以是一对一、一对多、多对一
更新方式	全要素、静态更新	单要素、动态、级联更新，但是同比例尺产品数据缺乏共享，即对于多个派生于同一源数据、同一比例尺的产品数据，即使是同一要素，也需要分别进行派生	单要素、动态、级联更新，同时"空间几何实例共享池"的应用使得不同产品数据中具有同一表现的空间几何只需更新一次
数据组织方式	文件方式；按照比例尺、图幅进行物理划分	数据库方式；在每个区间内实现源数据的无缝、无级组织，而不同区间之间的源数据很可能存在冗余	数据库方式；所有比例尺范围实现数据无缝无级组织

从生产工序看，与现有海图生产体系相比，同源多尺度海图生产体系的主要区别如下。

（1）将"制图资料的分析和选择"转移到"海图源数据的匹配与评价"中，避免同一区域不同产品数据生产过程中资料分析和选择的重复工作，保证源数据的唯一性和后续所有产品数据的一致性，降低生产难度。

（2）海图生产部门的工作重心由全要素产品数据生产转向基于单要素的产品更新。一旦源数据发生变化，只需将变化部分标记，并在所有相关产品数据中修改受影响的部分，就能实现产品数据的级联（依次）更新，不但保证了产品数据的一致性和现势性，而且提高了生产效率。

（3）"空间几何实例共享池"的应用，使得同一用途的要素在不同产品数据中只需生产一次，能够保证产品数据的一致性，并且维护方便，大大减少了制图工作量。

总体上看，同源多尺度海图生产体系具有以下特点。

（1）面向要素。传统海图生产过程面向的基本单元是海图"图幅"，是静态的、全要素的生产过程；而采用"面向要素"方式既可以数据集方式进行海图生产，又可以单个要素为基本单元进行数据的匹配、评价与更新，是一个动态更新的过程，是海图生产的发展方向。

（2）一致性。每个海洋地理空间实体在海图源数据库中只有一个对应的要素，保证了源数据的唯一性和一致性；所有海图产品中的数据都直接或间接来源于同一个海图源数据，使所有海图产品具有"同源性"，进而保证海图产品数据的一致性。

（3）可追溯性。由于海图源数据和海图产品数据的相应要素具有关联关系，海图产品数据中任何一个要素都可以追溯到相应的原始资料，进而可实现对每个要素的质量控制，提升海图产品的生产质量。

（4）高效性。与当前海图生产以任务为驱动的方式不同，新生产体系是以源数据为驱动的：源数据发生变化后，变化信息可依次传递到不同比例尺的海图产品数据中，再通过人机交互方式，实现对所有受影响的海图数据进行更新。与重新生产所有产品数据相比，这种方法大大减少了海图生产作业的工作量。

（5）可行性。该生产体系不仅允许海图源数据与海图产品数据之间有派生关系，而且允许海图产品数据与海图产品数据之间有派生关系，因此可避免因海图源数据与海图产品数据比例尺跨度太大而导致海图产品数据生产的困难。另外，考虑到海图源数据和海图产品数据的对应要素存在多对一和一对多的情况，允许在海图产品数据中创建新的要素，并通过要素关联表进行对应关系的标识。

三、远程海图发布与维护更新技术

20 世纪 90 年代中后期以来，为确保用户能得到改正至最新且图面清晰易读的纸质海图，同时免去各海图图库或销售点改正库存海图的烦琐工作，满足海图用户的个性化需求和避免因库存海图过多造成的浪费，美国、英国、法国和加拿大等国家先后推出了一种全新的纸质海图——按需打印（Print On Demand，POD）海图。例如，美国 NOAA 下属的海岸测量处（OCS）与 Maptech 公司共同负责用于 POD 海图生产的栅格海图（RNC）制作及数字更新服务，其中 OCS 负责 DGN 格式矢量海图数据更新和栅格海图（RNC）生成，而 Maptech 公司负责更新贴片（补丁）文件的制作和网上发布。上述做法可分解为以下三个步骤：首先，由 OCS 依据美国海岸警卫队（USCG）、美国国家地理空间情报局（NGA）及加拿大海岸警卫队等每周发布的航海通告提供的海图改正信息，利用

MicroStation 系统和 Intergraph 系统的 IrasB 软件对 DGN 格式矢量海图数据进行更新，并将更新后的 DGN 格式矢量海图制作成栅格海图，即进行矢量数据向栅格数据的转换；然后，由 OCS 将更新后的新版栅格海图图像通过专用的高速数据线传输到 Maptech 公司；最后，由 Maptech 公司通过专用软件将接收到的新版栅格海图图像与对应的旧版栅格海图图像进行逐个像素的比对，并自动地对存在差异的地方生成补丁文件。Maptech 公司每周都要制作和发布这样的补丁文件，从而实现服务器端补丁文件的连续更新。已授权的栅格海图用户通过访问 Maptech 公司的网站即可将有关补丁文件下载至客户端计算机，并最终由其通过运行专用软件实现对用户栅格海图的贴片式自动更新和 POD 海图的打印输出。

2006 年，由彭认灿带领的原海军大连舰艇学院海洋测绘系科研团队，也研制了可实现海图按需打印输出的"海图应急保障速印系统"。与美国 NOAA 的做法不同，该系统直接采用矢量式贴片文件实现对 DGN 格式海图出版数据的改正，改正后的海图出版数据可满足高质量海图印刷或打印输出的需要。该系统在 2006 年通过业务主管部门组织的成果鉴定后就投入实际应用。在此基础上，该团队 2012 年又进一步研制了"海图远程支持系统"。该系统有以下特点：① 突破了传统海图"港口保障"模式在保障时效、范围等方面的局限，建立了一种基于卫星无线网络、实时、可覆盖全球海域的海图应急保障新模式；② 根据海图数据传输安全性和信息无损等需求，构造了一类正向计算容易、反向求逆困难的单向散列函数，设计了海图数据对称密码算法，与密码机有机结合，实现了海图数据的"双保险"加密传输；③ 针对不同格式海图打印质量存在差异的问题，构建了栅格海图快速配准、海图显示比率与打印比率自动调整模型与算法，减小了海图变形误差，实现了海图的按需高质量打印输出；④ 针对海图出版数据形态分离造成改正效率低的问题，提出了范围自适应渐变的海图要素模糊查找、海图要素冲突自动判断和局部精微调整等方法，设计了海图出版数据交互式更新模型，实现了海图数据准实时改正功能，满足了用户对改正至最新海图的快速打印输出要求。该系统投入实际应用后，满足了船舶远洋航行对纸质海图的应急保障需求。

第二节　数字海洋的作用影响

大一统模式的数字地球已经成为全球共同的认识和期待，也是地理信息工程领域的一项必须实现的建设目标。占地球表面 71%的海洋对数字地球建设的重要性不言而喻，必将吸引越来越多的研究和开发兴趣。海图制图工作者将在这一影响深远的革命中发挥重要作用，并借助数字地球建设实现海图学的再次腾飞。

一、当科幻成为现实：戈尔的数字地球计划

在科幻小说《云球》中，科学家使用计算机模拟出了一个和地球几乎完全一样的数字地球。今天，数字地球已经完全成为现实。在古希腊神话中，伊阿宋和一众英雄前往黑海沿岸地区，寻找稀世宝物"金羊毛"，他们乘坐的是传奇船工阿尔戈打造的阿尔戈号（见图 7.16）。2007 年 11 月，由 3000 个浮标组成的全球海洋观测网全面建成，这个由 30 多个国家共同参与的海洋监测项目被命名为"阿尔戈计划"，其正式名称为地转海洋学实时观测阵。就像地面上由天文台和地震监测站分别组成的天文观测网和地震台网一样，阿尔戈计划建立的是一个覆盖海洋的监测网络。

图 7.16　传说中护送一众英雄开启寻宝之途的阿尔戈号

今天，阿尔戈计划分布在全球海洋中的 3000 多个由卫星跟踪的剖面浮标，能够快速、准确地收集全球海洋范围内的海水温度、盐度、洋流运动等数据。浮标以 10 天为一个工作周期，其中前 9 天浮标会在海面下 1000 米处悬浮；第 10

天，浮标会下潜到 2000 米深的海洋区域，收集那里的海水温度信息后返回海面。科学家也可根据需求调整浮标的工作周期（见图 7.17）。阿尔戈计划每日能收集海量的海洋数据，其中绝大部分数据是卫星无法采集的深层海水数据。在阿尔戈计划等海洋监测网的帮助下，全球海洋科学家在 21 世纪的前 20 多年里就收集了数倍于过去 100 年的深海剖面数据。

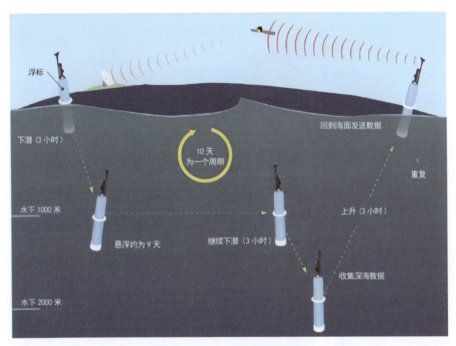

图 7.17　阿尔戈计划浮标工作周期

阿尔戈计划将全球海洋数字化，而科学家甚至希望将整个地球数字化。1998 年 1 月 31 日，美国前副总统戈尔在洛杉矶加利福尼亚科学中心举行的开放地理信息系统协会（Open GIS Consortium，OGC）年会上，发表了题为"数字地球：21 世纪理解我们行星的方式"的报告，首次对"数字地球"概念进行了详细的阐述。"数字地球"是指一个以地理坐标（经纬网）为依据、具有多分辨率、海量数据和多维显示的虚拟系统。形象地说，数字地球是指整个地球经数字化之后由计算机网络来管理的技术系统，它对真实地球及其相关现象进行统一的数字化重现和认识，运用数字化手段来处理整个地球的自然和社会活动等诸方面的问题（见图 7.18）。"数字地球"是随着国家信息基础设施（即通常所说的国家信息高速公路）的发展而形成的，其核心思想有两点：一是用数字化手段统一性地处理地球问题，二是最大限度地利用信息资源。"数字地球"是以信息基础设施和空间数据基础设施为依托的一个广泛的概念，其技术基础包括计算机技术、图像处理技术、大规模数据存储技术、空间对地观测技术及数字通信技术等。"数字地球"的概念一经提出，很快就引起了各国政府、大学、研究机构以及 IT 界的广泛关注，许多国家已经开始探讨并着手实施"数字地球"战略。同时，"数字地球"的相关理论和技术得到了突飞猛进的发展，并在实践中不断地获得补充和完善。

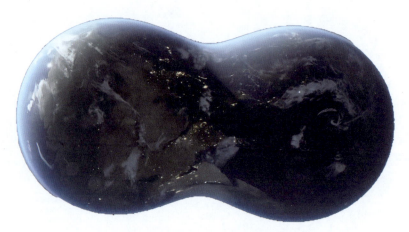

图 7.18　将数字地球打造成地球的双胞胎

　　数字地球计划是信息社会的主要组成部分，是遥感、遥测、全球定位系统、互联网-万维网、仿真与虚拟技术等现代科技的高度综合和升华，是当今科技发展的制高点。数字地球是地球科学与信息科学的高度综合，为地球科学的知识创新与理论深化研究创造了实验条件，为信息科学技术的研究和开发提供了试验基地或没有"围墙"的开放实验室（见图 7.19）。数字地球建设将是一场具有深远意义的技术革命，将促进产业规模的扩大，创造更多的就业机会；同时还将淘汰某些行业并诞生一些新产业，为解决我国的人口、资源、环境、灾害等社会可持续发展中的重大问题，以及有关国土资源的规划保护利用、工农业发展等推动国家经济发展、生态平衡和人民生活质量提高的实际问题，做出极其重要的贡献。由此，在全球发展和形成的"数字地球"将为全球人类社会的可持续发展和社会进步做出积极贡献，将把人类社会推向更高的发展阶段。

　　"数字地球"的特点具体表现在以下方面。

（1）具有无边无缝的分布式数据层结构，包括多源、多比例尺、多分辨率的、历史和现时的、矢量和栅格格式的数据。

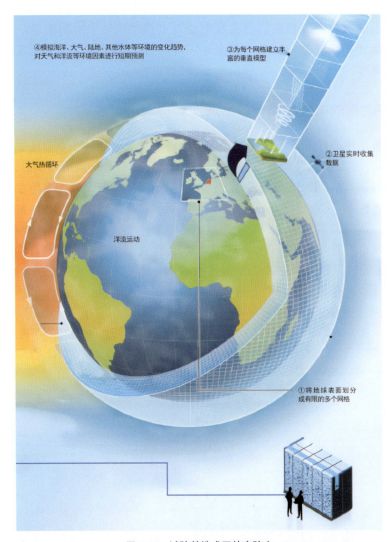

图 7.19　试验基地或开放实验室

(2) 具有一种可以迅速充实的、联网的地理数据库,以及多种可以融合并显示多源数据的机制。

(3) 以图像、图形、图表、文本报告这几种形式分别提供全球范围内数据、信息、知识方面的服务。

(4) "数字地球"中的数据和信息同时也是按普通、限制、保密等不同保密等级组织起来的。不同用户对不同的数据和信息具有不同的使用权限。

(5) 用户可以以多种方式从"数字地球"中获取信息。任何一个用户都可以实时调用,无论生产者是谁,也无论数据在什么地方。国际互联网上的用户可以根据自己的权限查询"数字地球"中的信息；运用具有传感器功能的特制数据手套，还可以对"数字地球"进行各类可视化操作。

二、数字地球的关注重点：数字海洋

早在数字地球理念提出之前，我国就已将信息化建设放在首要位置。邓小平同志在 1984 年就提出了"开发信息资源、服务四化建设"的战略构思。2006 年 5 月 8 日，中国未来 15 年信息化发展战略《2006—2020 年国家信息化发展战略》正式出台。自 20 世纪 80 年代中国开始走信息化建设道路以来，信息化建设就已上升到国家发展战略的高度，这对海洋信息化建设无疑具有权威性和指导性作用。在这个背景下，数字海洋作为海洋信息化发展战略的基础项目，是实现海洋信息化的必由之路。数字海洋将遥感技术、传感技术、机器人技术、地理信息系统和网络技术与可持续发展等海洋需求联系在一起，将原始的海量数据变成可理解的信息，为海洋信息化提供了一个战略基础框架（见图 7.20）。数字海洋的实质是信息化的海洋，它是充分利用信息、实现海洋信息化的有效手段。

图 7.20　数字海洋的实质是信息化的海洋

"数字海洋"是我国信息化建设中海洋领域的代表性研究热点，是"数字地球"范畴内的针对海洋区域的具体化。海洋是新世纪最重要的开发领域，海洋数据的获取、管理和处理等显得尤为重要，而海洋数据存在的形式多种多样，海洋之间的信息交换尤为复杂（见图7.21）。在此背景下，"数字海洋"将满足海洋信息化建设发展的基本需求，是相关研究者、行政管理者重点发展的项目。所谓"数字海洋"，是指由海量、多分辨率、多时相、多类型空间的海洋观测数据和海洋监测数据及其分析算法与模型构建而成的虚拟海洋世界。"数字海洋"主要应用先进的空间信息技术对海底表面及海底以下一定深度的各类地质现象和地球物理场等信息进行集成管理与应用，能够存储、描述、分析及显示来自海底的多源、多结构、多分辨率、多尺度的海量数据，实现海洋信息的资源共享及信息服务的社会化，为海洋资源开发、海域勘界、海洋功能区划以及海域的综合整治和管理等提供定性、定位、定量的科学辅助决策信息，更好地为海洋科学研究以及海洋资源开发工作服务。

图7.21　数字地球需要借助卫星遥感

对"数字海洋"的理解分为广义和狭义两方面。广义上，"数字海洋"主要是指通过卫星、探测船、海底传感器等采集海量、多分辨率、多时相、多类型的海洋观测与监测数据，以及海洋经济、资源、产业等统计数据，利用"3S"技术、信息技术、虚拟现实与仿真等技术将获得的海洋信息资源融合到计算机系统中，使大海成为人类认识、管理和开发最有效的虚拟海洋系统。狭义上，"数字海洋"主要是指利用基于网络的多维平台将获取的各类海洋数据集成、存储，并进行数据可视化展示、数据共享等服务，实现对海洋的综合管理、开发利用、辅助决策等作用。

"数字海洋"发展初期的实质是海洋信息化，经历十多年的发展后，"数字海洋"已不限于海洋的信息化，而更注重与海洋信息的应用与服务。如图7.22所示，建立服务于海军战略、战术和战役的各种军事海洋地理信息系统，并运用虚拟现实技术建立数字化海洋战场，是"数字海洋"在海军建设中的应用。其中包括战区海底地形与海岸地貌状况、敌方海军兵力和军事目标跟踪监视、舰艇飞机定位与导航、武器制导、打击效果侦察、战场仿真、作战指挥等方面，对空间信息的采集、处理、更新要求很高。在作战开始前，需要建立战区及其周围海域的军事地理信息系统；战时要利用 GPS、RS 和 GIS 进行战场侦察、信息更新、军事指挥与调度、武器精确制导；战后要进行军事打击效果评估等。而且，"数字海洋"是一个典型的平战结合、军民结合的系统工程，在构造"数字海洋"工程时要注意符合我军建设的发展方向。

图 7.22 "数字海洋"是一个典型平战结合、军民结合的系统工程

字海洋"相关的理论和技术日趋成熟和完善，并且已开始广泛应用，大大促进了海洋科学研究的发展，逐渐发挥着巨大的经济效益和社会效益。中国是一个发展中的海洋大国，而 21 世纪的前 50 年又是中国发展崛起的关键时期。在这个特殊的历史时期提出数字海洋的发展战略，对于有效维护国家海洋权益，推动海防建设，合理开发利用海洋资源，保护海洋生态环境，实现海洋资源、环境的可

持续利用和海洋事业的协调发展具有重要的战略意义，也为实现党的十八大报告中提出的"建设海洋强国"这一宏伟目标提供了重要的技术支撑。

三、数字海洋的建设现状

数据是构建"数字海洋"的基石，国家与地方各个涉海单位都积极开展了海洋资料的调查工作，挖掘了大量的海洋信息。然而，海洋信息的异构性、多维性及多态性等特点，导致不同用户掌握的海洋信息可能有着不同的获取途径、不同的内容、不同的数据格式和不同的数据质量，并且由于各个涉海部门相对独立，海洋信息较为分散，无法使用不同地区、不同部门之间的数据进行协作，制约了我国海洋事业的发展，因此，海洋信息的共享需求尤为迫切。

元数据是"描述数据的数据"。《三国演义》中是这样描绘张飞的外貌的：身长八尺，豹头环眼，燕颔虎须，声若巨雷，势如奔马。在这段描写中，读者可以得到关于张飞身高、长相、说话声音和行为特点四个方面的信息，而"身高""长相"这类数据就属于元数据。如果要让数字海洋从全世界汇总得到的各种数据能被各地科学家解读，就要在这些数据上标明"名称""采集地点""作者/来源""数据格式""分辨率"等一系列信息，以增加这些数据的可利用度。

我国海洋信息化的建设从信息化被提出以来，就一直在不断发展，开展了很多以数字海洋为目标的建设项目和工程。20世纪末，我国相关学者首次提出了中国"数字海洋"建设的思想。2003年，国家908专项项目之一我国近海"数字海洋"信息基础框架首次以工程项目的形式出现，正式响起了我国数字海洋的时代之声。2006年启动的"我国数字海洋信息基础框架构建项目"，实现了国家海洋局系统单位和沿海省市管理部门的信息即时互通与共享，海量海洋信息可以与各级海洋管理部门的业务管理系统实现无缝的共享衔接。这一系列的海洋信息化发展，在很大程度上有效整合了海洋信息化资源，为海洋信息的应用服务打下了坚实的基础。

随着数字海洋各种项目的发展，海洋空间信息共享服务方面也有相应的发展，2006年我国启动了"海洋科学数据共享工程建设"项目，建设并且成功运行了海洋科学数据共享中心、自然资源和地理空间基础信息库、海洋和海洋卫星数据分中心，建立了如中国海洋信息网、Argo资料中心网站、海洋监测数据传输网和信息共享网等相关网站来对海洋数据进行管理、共享以及产品制作等服务。但是，由于我国科技管理体制不够完善，加上随着科技快速的发展，各种新型观测手段不断出现以及海洋信息大量、快速增长，使得我国海洋信息管理和应用服务标准不能完全统一，共享理念、方式、技术也相对滞后，因此在数字海洋信息共享和服务方面还存在很多的问题，需要在今后的研究中予以解决。

海洋空间信息的共享服务是数字海洋建设的目标之一，世界各国以及相关国际组织都开始了相关共享服务建设的计划。美国是最早开始实施海洋数据共享建设的国家之一。1990 年初，联邦政府在信息时代为了通过数据的共享服务来引导国家经济增长，建立了"完全与开放"的数据共享这一基本政策。到 1998 年，美国国家海洋资料中心（NODC）建成了"交互式资料查询检索系统"，将海洋信息包括温盐信息、测站的实时海流信息、海洋浮标信息、卫星反演的 SST 信息等共享给用户。此外，国家大气数据中心（NCDC）、国家地理数据中心（NGDC）和国家冰雪数据中心（NSIDC）都将不同学科的数据提供给本国及全球用户共享。欧洲等国也很早就开始数据共享服务。例如，英国将政府、组织和公司建立的各种规模的数据库免费向公众开放，提供实时信息服务。俄罗斯联邦政府也于 1997 年 7 月批准了《俄罗斯联邦国家科技信息系统条例》，明确了海洋数据共享机制和方式。法国国家海洋资料中心即海洋开发研究院（IFREMER），其国家海洋数据遵循《IOC 海洋学数据交换政策》提供公开共享服务。其他海洋国家如加拿大、日本等也进行了海洋信息共享相关工作。除了国家行为，很多相关的国际组织如国际海洋资料交换委员会（IODE）、世界数据中心（WDC）、国际科技数据委员会（CODATA）、世界气象组织（WMO）等都开展了海洋数据交换共享的计划建设。例如，国际海洋资料交换委员会（IODE）的海洋数据端口（Ocean Data Portal），通过安装数据提交服务和数据整合服务，提供了全球各国海洋数据中心数据共享和数据互访的端口。国际海道测量组织（IHO）提供航海信息共享服务，包括航海图、改正通告、航路指南、完整的航海系统数据以及其他产品信息的共享服务，并且对全球范围内的海洋测深信息进行收集与共享。

四、数字海洋的应用领域

数字海洋的应用领域具体如下。

（1）海域管理。从现实、历史、国际公认海域等多个方面查询与展示我国的海域利用状态，实现对我国海域利用信息的管理。
（2）海岛海岸带。依据历史和实测的海岛数据，实现对海岛的地理属性和社会人文查询检索与展示。

（3）海洋灾害。运用可视化和虚拟现实技术三维立体展示灾害规模与实时的灾害变化趋势，推测影响范围，有利于防灾减灾措施的决策。

（4）海洋环境。基于多种类型的海洋要素数据，利用虚拟现实技术动态显示海洋各要素的变化特征，自主地增添颜色、曲度变化。

（5）经济资源。实现对海洋经济、资源和沿海人口的统计信息及专题图标绘制。

（6）海洋执法。实现包括执法机构、人员、装备、基地的查询，以及执法规章、案例和统计等信息查询功能。

（7）海洋权益。实现对于国家领土归属、政治和经济等国家权益方面的资料查询。

（8）极地大洋。实现极地考察站点、航次、历史科考航迹等信息的查询检索，并对站点进行三维状态的展示。

在人类所接触到的信息中，80%与地理位置和空间分布有关，地球空间信息是信息高速公路上的货和车。数字海洋不仅包括高分辨率地球卫星图像，而且包括数字地图，以及经济、社会和人口等方面的信息，它的应用有时会因人们的想象力而受到限制，换句话说，数字海洋的应用在很大程度上超出了人们的想象。乐观地说，数字海洋很快将进入千家万户和各行各业。

下面是数字海洋的一些现实应用。

1. 数字海洋对全球变化与社会可持续发展的作用

全球变化与社会可持续发展已成为当今世界人们关注的重要问题，数字化表示的地球为我们研究这一问题提供了非常有利的条件。在计算机中利用数字海洋可以对全球变化的过程、规律、影响以及对策进行各种模拟和仿真，进而提高人类应付全球变化的能力。数字海洋可以广泛地用于对全球气候变化、海平面变化、荒漠化、生态与环境变化、土地利用变化进行监测。与此同时，利用数字海洋，还可对社会可持续发展的许多问题进行综合分析与预测，如自然资源与经济发展、人口增长与社会发展、灾害预测与防御等。

我国是一个人口多、土地资源有限、自然灾害频繁的国家，十几亿人口的吃饭问题一直是至关重要的。经过多年的高速发展，资源与环境的矛盾越来越突出，必须采取有效措施，从宏观角度加强土地资源和水资源的监测与保护，加强自然灾害特别是洪涝灾害的预测、监测和防御，避免第三世界国家和一些发达国家发展过程中走过的弯路。数字海洋在这方面可发挥更大的作用。

2．数字海洋对社会经济和生活的影响

数字海洋将容纳大量行业部门、企业和私人添加的信息，可进行大量数据在空间和时间分布上的研究和分析。例如，国家基础设施建设的规划，全国铁路、交通运输的规划，城市发展的规划，海岸带开发，西部开发。从贴近人们的生活看，房地产公司可将房地产信息链接到数字海洋上；旅游公司可以将酒店、旅游景点，包括它们的风景照片和录像放入公用数字海洋；世界著名的博物馆和图书馆可以将其收藏以图像、声音、文字形式放入数字海洋；甚至商店也可将货架上的商品制作成多媒体或虚拟产品放入数字海洋，让用户任意挑选。另外，在相关技术研究和基础设施方面也将起推动作用。因此，数字海洋进程的推进必将对社会经济发展与人民生活产生巨大的影响。

3．数字海洋与精细农业

农业要走节约化的道路，实现节水农业、优质高产无污染农业。要实现这个目标，就要依托数字海洋，每隔 3～5 天给农民送去庄稼地的高分辨率卫星影像，农民在计算机网络终端上就可从影像图中获得农田的长势，通过 GIS 分析，制定行动计划，然后在车载 GPS 和电子地图的指引下实施农田作业，及时预防病虫害，将杀虫剂、化肥和水用到需要的地方，而不致使化学残留物污染土地、粮食和种子，实现真正的绿色农业。

4．数字海洋与智能化交通

智能运输系统是基于数字海洋建立国家和省、市、自治区的路面管理系统、桥梁管理系统、交通阻塞、交通安全以及高速公路监控系统，并将先进的信息技术、数据通信传输技术、电子传感技术、电子控制技术以及计算机处理技术等有效地集成运用于整个地面运输管理体系，而建立的一种在大范围内、全方位发挥作用的，实时、准确、高效的综合运输和管理系统。智能运输系统实现运输工具在道路上的运行功能智能化，使公众能够高效地使用公路交通设施和能源。具体地说，该系统将采集到的各种道路交通及服务信息经交通管理中心集中处理后，传输到公路运输系统的各个用户（驾驶员、居民、警察局、停车场、运输公司、医院、救护排障等部门），出行者可实时选择交通方式和交通路线；交通管理部门可自动进行合理的交通疏导、控制和事故处理；运输部门可随时掌握车辆的运行情况，进行合理调度，进而使路网上的交通流处于最佳运行状态，改善交通拥挤和阻塞，最大限度地提高路网的通行能力，提高整个公路运输系统的机动性、安全性和生产效率。

对公路交通而言，智能交通系统产生的效果主要包括以下几个方面。

（1）提高公路交通的安全性。
（2）降低能源消耗，减少汽车运输对环境的影响。
（3）提高公路网络的通行能力。
（4）提高汽车运输生产率和经济效益，并对社会经济发展的各方面产生积极影响。
（5）通过系统的研究、开发和普及，创造新的市场。

美国国会 1991 年颁布"冰茶法案"（Intermodel Surface Transportation Efficiency Act, ISTEA）和 1998 年颁布"续茶法案"（National Economic Crossroad Transportation Efficiency Act, NEXTEA），目标是实现高效、安全和有利于环境的现代交通体系。

5．数字海洋与数码城市

基于高分辨率正射影像、城市地理信息系统、建筑 CAD，建立虚拟城市和数字化城市，实现真三维和多时相的城市漫游、查询分析和可视化。数字海洋服务于城市规划、市政管理、城市环境、城市通信与交通、公安消防、保险与银行、旅游与娱乐等，为城市的可持续发展及提高市民的生活质量提供依据与保证。

6．数字海洋为专家服务

顾名思义，数字海洋是用数字方式为研究地球及其环境的科学家尤其是地学家服务的重要手段。地壳运动、地质现象、地震预报、气象预报、土地动态监测、资源调查、灾害预测和防治、环境保护等无不需要利用数字海洋。此外，数据的不断积累，最终将有可能使人类能够更好地认识和了解我们生存与生活的这个星球，运用海量地球信息对地球进行多分辨率、多时空和多种类的三维描述将不再是幻想。

7．数字海洋与现代化战争

数字海洋是"后冷战"时期"星球大战"计划的继续和发展。在美国眼中，数字海洋的另一种提法是星球大战，是美国全球战略的继续和发展。显然，在现代化战争和国防建设中，数字海洋具有十分重大的意义。建立服务于战略、战术和战役的各种军事地理信息系统，并运用虚拟现实技术建立数字化战场，这是数字海洋在国防建设中的应用，其中包括地形地貌侦察、军事目标跟踪监视、飞行器定位、导航、武器制导、打击效果侦察、战场仿真、作战指挥等方面，对空间信息的采集、处理、更新提出了极高的要求。在战争开始之前，需要建立战区及其周围地区的军事地理信息系统；战时利用 GPS、RS 和 GIS 进行战场侦察，更新信息，进行军事指挥与调度；战时与战后进行军事打击效果评估等。而且，数字海洋是军民结合的系统工程，建设我国的数字海洋工程符合我国国防建设的发展方向。

总之，随着"3S"技术及相关技术的发展，数字海洋将对社会生活的各个方面产生了巨大的影响，其中的有些影响我们可以想象，有些影响则无法想象。

数字海洋的提出是全球信息化的必然产物，是一项长期的战略目标，需要经过全人类的共同努力才能实现。同时，数字海洋的建设与发展将加快全球信息化的步伐，很大程度上改变人们的生活方式，创造出巨大的社会财富，为人类社会的发展做出巨大贡献。

第三节　海洋战略与海洋位置服务的意义

一、海洋战略的地位价值

海洋已成为人类生存与发展空间拓展的主要领域。同时，作为"蓝色国土"和战略新疆域，海洋是融入世界的大通道。如今，海洋对人类社会发展的作用和价值逐步向多元化方向发展，更多国家从战略全局上关注海洋，把海洋作为立国的根本大计。

中国已经成为依赖海洋通道的外向型经济大国，海洋是支撑这一格局的重要载体。中华人民共和国成立以来，海洋战略从萌芽到发展，呈现出"生存-发展-强大"的路线图。进入 21 世纪，中国的海洋事业迎来了新的发展阶段，党的十八大报告明确指出要"建设海洋强国"，这是促进全面建成小康社会和实现中华民族伟大复兴的必由之路。因此，要牢牢抓住战略机遇期，积极应对各种海洋挑战。向海则国兴，闭海则国弱。纵观历史，强国的兴衰变迁无不与海洋有关。

建设海洋强国是实现中华民族伟大复兴的重要战略任务，要推动海洋科技实现高水平独立自强，加强原创性、引领性科技攻关，把装备制造牢牢抓在自己手里，努力用我们自己的装备开发油气资源，提高能源自给率，保障国家能源安全。遥想当年惨烈的黄海海战以北洋舰队的完全失败而告终，经此一役后北洋舰队再也无法在黄海制海权上占得上风,被迫退入威海,直接影响后来的甲午海战,也为北洋舰队全军覆没奠定了基础,清政府被迫签订丧权辱国的《马关条约》,间接推动了清朝覆灭。

由此可见,对于我国而言,要想捍卫国家领土完整,强悍的海洋军事力量是不可缺少的;而要想安全开发利用海洋资源如运送生产生活用品、开采矿产石油资源等能源,强悍的海上军事力量是不可缺少的,强大的军事力量能够有效震慑不法之徒,能够有效确保和平时期执行其他不同类型的重要任务。

二、海洋战略的主要内容

海洋战略是指导国家海洋事业发展和保障国家海洋利益安全的总体方略,是国家战略在海洋事务中的运用和体现,是筹划和指导海洋控制、开发、利用和保护全局的方略。海洋控制,主要指国家运用法律和军事手段控制海上交通线和一定范围内的海区。海洋开发,主要指利用现代海洋技术开发世界海洋资源。海洋利用,主要指国家利用海洋的现有资源,特别是利用海洋交通,促进海上贸易。海洋战略涉及海洋政治、海洋军事、海洋经济、海洋科技、海洋文化、海洋外交等多个领域,主要内容如下:

(1) 筹划和指导国家海洋的政治事务。通过多种途径和手段,提高全民族的海洋意识,向海洋进军,维护国家在世界海洋上的正当利益,在世界海洋战略争夺中处理各种争议和纠纷。
(2) 筹划和指导国家海洋的经济事务。开发利用海洋的资源与空间,以利于民族的生存与发展。
(3) 筹划和指导国家海洋的科技事务。发展海洋研究、海洋开发利用技术和工程,提高开发利用海洋的能力以及保卫海洋权益的科技水平。
(4) 筹划和指导国家海洋的军事事务。无论是在平时还是在战时,都要有足够的军事力量遏制来自海洋方向的威胁,捍卫国家的海洋国土和海洋权益,有效地阻止他国侵犯本国海洋权益。
(5) 筹划和指导本国与友好国家在海洋事务方面的协作关系,协调一致地开发利用海洋与保卫海洋权益,共同筹划与维护海上正常秩序。

海洋战略的目的是统筹海洋的控制、开发和利用,建立与经济发展相适应的海上力量,维护海洋权益,促进国家经济发展。随着对海洋战略地位作用的认识日益深刻,濒海国家纷纷制定相应的海洋战略,以加强对海洋开发、利用和控制的整体筹划。针对海洋安全环境的复杂性以及海洋权益矛盾的尖锐性,各国海洋战略均十分重视海上力量建设，以谋求对相关海域空间的优势控制。

三、海洋战略的发展目标

到 21 世纪中叶，我们以占国土面积约 1/4 的海洋国土为主要开发对象的海洋经济增加值将达到国内生产总值的 1/4，使海防现代化水平进一步提高，进入世界海洋军事强国之列，以便在拥有 960 万平方千米"陆上中国"的同时，拥有一个在 400 多万平方千米蓝色国土上耸立起来的"海上中国"。

具体可分三个阶段实施。

（1）第一个阶段：2006—2020 年为起步阶段。这个阶段的发展战略目标是使海洋经济增加值占国内生产总值的 10%左右；建立起以市场为导向，以效益为中心，结构合理、协调发展的海洋经济体系，海洋综合管理得到强化，海洋综合管理体制形成，多职能、现代化的海洋执法队伍初具规模。海洋国防力量得到加强，海防装备的现代化水平明显提高。

（2）第二个阶段：2021—2035 年为全面发展阶段。新兴的海洋高新技术产业形成，一个各具特色的临海经济产业群、高新技术产业带和海陆一体化城镇体系基本形成。这个阶段的海洋经济增加值占国内生产总值的 18%左右，海洋经济成为国民经济的重要支柱之一。海洋综合管理、海洋环境达到沿海发达国家水平，具有中国特色的现代海防战略体系基本建成，我国的海防军事实力和海防现代化水平进一步提高，进入区域性海洋军事强国之列。

（3）第三个阶段：2036—2050 年为海洋事业全面腾飞阶段。这个阶段海洋经济增加值占国内生产总值的 25%以上，新兴海洋高新技术产业进入全面开发阶段，海洋研究、海洋开发、海洋保护、海洋管理、海洋环境、海洋产业综合实力居世界领先水平，海洋国防实现现代化，中国由一个海洋大国跨入世界海洋强国之列。

四、海洋战略的实施条件

纵观国际、国内形势，可以看出，实施我国的 21 世纪海洋强国战略具有天时、地利、人和的良好条件。

1. 天时——较好的国际环境

从国际形势看，"冷战"已经结束，总体趋向缓和，世界加快向多极化发展，新的格局日渐明朗。发展中国家的国际地位进一步增强，大国关系在继续调整。世界要和平，人类要进步，国家要稳定，民族要团结，经济要发展，是世界大多数国家的共同呼声。和平和发展在今后很长一段时间内仍是世界的主旋律。21世纪是海洋世纪，发展海洋产业成为新一轮产业革命的重要内容。当今一股空前的"海洋热"席卷全球，世界沿海国家都将开发利用海洋作为加快经济发展、增强国际竞争力的战略选择。

随着海洋世纪的到来，各沿海国家都在采取积极的新对策，加快海洋经济的发展。尤其是西方发达国家为了自身的国家利益，充分认识到海洋的重要性，纷纷制定21世纪的海洋科技发展战略和规划，大力发展海洋高新技术，抢占制高点，满足其政治、经济和军事方面的需要，提高其在国际上的竞争能力和地位。

美国早在20世纪下半叶就集中各方面的研究，发布了《90年代海洋科学：确定科技界与联邦政府新型伙伴关系》，明确提出发挥海洋科技在提高美国全球经济竞争力方面的作用问题，强调"保持和增强在海洋科技领域的领导地位"。日本政府1990年发表示了《海洋开发基本构想及推进海洋开发方针政策的长期展望》，提出以海洋技术为先导，着重开发海洋卫星、深潜技术、深海资源开发技术、海洋农牧化技术、海洋空间利用技术等海洋高新技术，用以加强日本海洋开发能力和提高国际竞争地位；1997年制定了面向21世纪的《海洋开发推进计划》，将部分高新技术的产业化列为重点研究课题，并且成立了国家海洋委员会。英国发表了《90年代海洋科技发展战略报告》，提出优先发展对实现海洋开发具有战略意义的高新技术及其产业。韩国政府也成立了国家海洋委员会，并设立海洋部，以加强对全国海洋事业的领导。澳大利亚拟定了《21世纪海洋科学技术发展计划》，以积极参与全球海洋科学的发展进程。

2. 地利——优越的区位和自然条件

"太平洋时代"随着21世纪的到来悄然而至。20世纪初，美国总统罗斯福曾说："地中海时代随着美洲的发现结束了。大西洋时代正处在开发的顶峰，势必很快就要耗尽它所控制的资源。唯有太平洋时代，这个注定成为三者之中最伟大的时代，仅仅初露曙光。"1961年，美国总统肯尼迪在国会发表了"为了生存，美国必须把海洋作为开拓地"的宣言，之后又提出"若不明智地利用占地球表面71%的海洋与海床，美国未来的安全与繁荣将黯然失色"。美国人的海洋观念已经走出了原有思维模式。1984年，美国总统里根在访华前夕发表谈话，认为"整个太平洋盆地将是世界的未来"。1993年，美国总统克林顿又提出了"新太平洋共同体"的主张。2000 年 6 月，克林顿在发布美国海洋勘探长期战略任务时宣称："19 世纪初杰弗逊总统派美里威德·路易斯将军勘探美国西部，给美国留下了伟大的业绩……现在向西、向东、向南、向更远的潜在水中勘探我们大陆的时候到了。"韩国、东盟各国、澳大利亚等环太平洋国家，都对"太平洋时代"的观点持积极的认同态度。世界经济技术中心正由大西洋向太平洋地区转移。太平洋地区将成为 21 世纪经济的重要舞台，太平洋将成为 21 世纪海洋开发的中心。我国背靠世界最大的欧亚大陆，面临世界最大的太平洋，又处在东北亚经济圈及太平洋经济圈的重要位置上，具有明显的区位优势。

我国沿海地区是改革开放的前沿阵地和对外经济合作的窗口。20 世纪 80 年代以来，我国沿海地区对外开放比内陆地区面宽、速度快。从 20 世纪 80 年代初兴办深圳、珠海、汕头、厦门 4 个经济特区开始，1984 年从北到南开放了大连等 14 个沿海港口城市，并相继建立了 13 个经济技术开发区和上海浦东开发区；还先后开辟了珠江三角洲、长江三角洲、闽南厦漳泉三角地区、山东半岛、辽东半岛 5 个经济开放区；1988 年又建立了海南省大经济特区，从而使沿海地区形成了一个多层次、全方位的开放地带。过去的几十年里，依赖得天独厚的区位优势，产生并繁荣了中国沿海地区的经济和科技文化，使沿海地区成为全国一、二、三产业最为集中的地区。我国沿海地带土地面积仅占全国的 13%，养育的人口占全国人口的 40%，创造的国民生产总值已占全国总值的 60%。

沿海地带是全国科学技术力量最密集的地区，尤其是海洋科研机构和海洋科技人员众多而集中。改革开放以来，沿海地区已成为全国海洋研究开发的基地和海洋教育发展的中心，为我国海洋经济的快速发展提供了有力的科教保障。

我国拥有漫长的海岸线和岛岸线，拥有广阔的海洋活动空间和丰富的生物资源、能源资源、矿产资源、化学资源、旅游资源和港湾资源等，丰富的海洋资源优势转化为强大的经济优势潜能巨大。21 世纪，我国利用得天独厚的海洋区位、海洋科技和海洋资源优势，必定能实现"海洋大国"向海洋经济强国的跨越。

3．人和——国内海洋开发形势喜人

20 世纪 80 年代以来，特别是我国批准《公约》以来，我国在维护海洋权益等方面做了大量工作，颁布了《专属经济区和大陆架法》《海洋科学研究管理规定》，修改并颁布了《中华人民共和国海洋环境保护法》（以下简称《海洋环境保护法》）和《中华人民共和国渔业法》（以下简称《渔业法》）、《中华人民共和国海域使用管理法》（以下简称《海域使用管理法》）；成功与越南签订了北部湾划界协议，与其他海上邻国的划界工作也正在抓紧准备。根据《公约》规定，我国已向国际海底管理局申请了 7.5 万平方千米的大洋海底多金属结核矿区。我国在南极建立了多个常年科学考察站，科学考察队进军北极，首次徒步登上北极点获得成功，为和平利用南北极奠定了科学基础。我国海洋产业无论是传统的渔业、盐业、运输业，还是新兴的海洋石油、滨海旅游等，都呈现出迅猛发展的势头，初步形成了一个门类齐全、基础较好的海洋产业体系。尤其可喜的是，沿海省市的海洋意识明显增强，纷纷采取一些大动作、新举措，竞相开发海洋，出现了"群龙闹海"和"群雄逐鹿海洋"的喜人局面。

山东省充分利用地理区位优势，自 1991 年提出实施"科技兴海"、建设"海上山东"战略以来，组织力量向海洋进军，耕海牧渔，大力发展海洋经济，走在了全国前列。10 年"海上山东"建设，成就卓著，形势喜人。辽宁省在提出建设"海上辽宁"战略后，省委、省政府召开了建设"海上辽宁"工作会议，出台了《"海上辽宁"建设规划》，成立了"海上辽宁"建设综合协调小组。福建省于 20 世纪 80 年代提出要"大念山海经"；20 世纪 90 年代省委领导指出，福建不是"八山一水一分田"，而是"六水三山一分田"，全省掀起了共建"海上田园"的热潮；1996 年召开的福建省第六次党代会和省人大八届四次会议，把"发展蓝色产业，建设海洋大省"作为福建省实施《"九五"计划和 2010 年远景目标纲要》的战略突破口来抓；最近省委六届十次会议、省人大九届四次会议又确定了"建设海洋经济强省"的战略目标。海南省在建省时就提出了"以海兴岛，建设海洋大省"战略，接着又推出"科技兴海"的"蓝色狂想"；随后，他们又提出在"十五"期间把海洋开发作为第一主攻方向，将海洋经济培育成全省支柱产业和最强劲的新经济增长点。广东省 1993 年以来，不断加大海洋开发投入，实现了海洋经济大突破、大跨越；2000 年，广东省委、省政府确定将建设海洋经济强省作为该省"增创新优势，更上一层楼"，率先实现现代化的突破口来抓，为 21 世纪海洋经济大发展奠定了基础。

江苏省在发出"向海洋进军"的号召后，提出了建设"海上苏东"的战略设想，出台了《关于加快发展海洋经济的若干意见》，使江苏省海洋开发呈现跳跃式增长的好势头。浙江省在制定《海洋开发纲要》之后，省委、省政府又提出了建设"水上浙江"的发展新思路，全省海洋经济一年一大步，海洋开发步入全国前列。河北省在提出"立体开发海洋"和"陆海经济齐抓"的战略后，又提出了"陆海并重、重点突破、梯次推进、综合开发"的科技兴海新路子。上海市在提出以沿海区位优势带动外向型经济发展的总体战略后，最近又实施了依托"四大优势"实施"三步计划"将上海建成国际航运中心的新举措。

广西在提出"蓝色计划"后,按照中央的部署,加快了将北部湾建成大西南出海通道的建设步伐。天津市在提出加快海洋开发、使海洋经济进入全面发展新阶段的想法后,加快了航运建设步伐。吉林省没有海岸线,但主动争取图们江的出海权,1995 年 12 月 6 日在联合国总部大厅,中、韩、俄、朝、蒙 5 国签订了开发图们江地区的协议,迈出了"开发珲春,开发图们江,发展与东北亚各国的友好合作关系"的可喜步子。远离海边的北京,也与河北的唐山联营,扩建唐山港,寻求自己的出海口。

一场以开发海洋、利用海洋、大力发展以海洋经济为特征的"蓝色风暴"正在沿海地区刮起,并呈向内陆蔓延之势。

五、海洋位置服务技术

位置服务(Location Based Services,LBS)又称定位服务,是由移动通信网络和卫星定位系统结合在一起而提供的一种增值业务。位置服务通过一组定位技术获得移动终端的位置信息(如经纬度坐标数据),提供给移动用户本人或他人以及通信系统,实现各种与位置相关的业务。位置服务实质上是一种概念较宽泛的与空间位置有关的新型服务业务,它通过外部定位方式获取移动终端用户的位置信息,在 GIS 平台的支持下,为用户提供相应服务的增值服务。

在全球经济一体化的背景下,海洋利益和国家利益紧密相连,船舶运输在交通运输中占有重要位置,船舶运输非常繁忙。海洋位置服务是指利用先进的定位技术获得船舶的位置信息,提供给海上移动终端用户的服务业务。虽然有数据表明进入 21 世纪后,我国水上事故发生的数量和人员伤亡数字总体上在下降,但大型远洋船舶增多,发生事故直接造成的经济损失在加大,事故救援非常困难,解决救生与搜救问题刻不容缓。研究显示人为、环境和船舶自身故障是影响船舶安全的主要因素,其中大部分事故是人为引起的。由于位置信息缺失,导致灾难救援效率不佳,人员物资定位困难。如今,船舶都被强制引进船载识别系统,该系统是重要的导航设备,可向周围其他船舶自动播发本船的位置消息,接收区域内其他对外广播的船舶信息,可向岸基发送本船的航行和安全信息,方便管理部门监控船只,保证航行安全。

AIS 系统中的定位芯片是基于 AIS 技术的海上救生定位装置,如海上有搜救和救生行动,可作为定位器用。定位芯片由微处理器系统、GPS 模块、AIS 通信模块、电源自启动电流和防水封装组成。将该装置固定在救生衣的肩部,能有效接收卫星定位信息,利用 A 类 AIS 组播技术可与 AIS 基站和救援中心建立远程通信联系。电源自启动电路保证在落水船员无法自主启动电源的情况下，自动接通装置的电源并启动装置，使设备工作。微处理器系统采集定位信息和装置的状态信息，通过 AIS 基站传回搜救中心，该装置一旦接收到搜救中心的反馈信息，就以声光等形式通知落水者，达到搜救定位的目的。救生产品基于 GPS/GPRS 技术，利用北斗、GPS 实现海上救生定位。救生产品发送 AIS 报文，和船载 AIS 系统兼容，信号在一定范围内传输，附近船舶可识别该 AIS 信号。船载自动识别系统的数据经船舶自组网传输，可为用户提供船舶位置信息，如果遇到人员落水，搜救人员可以利用该系统更快地到达救生地点进行救生和救助。

小　　结

"数字海洋"随"数字地球"应运而生。通过卫星、遥感飞机、海上探测船、海底传感器等，进行综合性、实时性、持续性的数据采集，将海洋物理、化学、生物、地质等信息集成到计算机中，展示虚拟视觉模型，是国家经济、科技等综合实力的体现，已上升为国家海洋战略的主要组成。海图作为数字海洋的基本数据来源及重要载体形式，在国家海洋利用进程中发挥着关键作用。本章介绍了下一代海图制图体系、数字地球与数字海洋、海洋战略与海洋位置服务等中国的海图发展路线。主要内容包括：① 下一代海图制图体系；② 数字地球与数字海洋；③ 海洋战略与海洋位置服务。

参 考 文 献

[1] 曹玉墀. 电子海图显示与信息系统[M]. 大连：大连海事大学出版社，2016.

[2] 王昭. 新一代电子航海图标准 S-101 的研究进展[J]. 海洋测绘，2013，33(1).

[3] 窦红霞. 基于 S-100 标准海图要素建模应用模式研究[D]. 大连：大连海事大学，2013.

[4] 海司航保部. 海图技术与发展论文集[M]. 天津：中国航海图书出版社，2012.

[5] 李树军. 海图发展图解史[M]. 北京：海潮出版社，2012.

[6] 刘青春. 基于 S-100 建模机制的海图数据研究[D]. 大连海事大学，2012.

[7] 彭认灿，刘国辉，董箭，等. 海图产品一体化更新问题研究[J]. 海洋测绘，2011，31(1).

[8] 郑义东，李宁，田震，等. 数字海图中助航设备的自动综合探讨[J]. 海洋测绘，2011，31(4).

[9] 张强，刘鑫. 墨卡托海图特性分析[J]. 青岛远洋船员学院学报，2011，32(4).

[10] 刘厂，郝燕玲，高峰，等. 国际标准电子海图系统关键技术研究[J]. 中国航海，2011(2).

[11] 陈惠荣. 海图设计自动化关键技术研究[D]. 大连海事大学，2011.

[12] 刘国辉，彭认灿，董箭，等. 基于一体化思想的海图更新数据模型[J]. 测绘科学技术学报，2010，27(6).

[13] 刘国辉，彭认灿，董箭，等. 基于 C/S 的矢量数字海图更新体系研究[J]. 海洋测绘，2010，30(4).

[14] 姜凤辉，李树军，王臻. 现代海图符号研究[J]. 测绘工程，2010(4).

[15] 董箭，彭认灿，李改肖，等. 基于 ArcGIS 的海图符号库设计与实现[J]. 海洋测绘，2009，29(6).

[16] 郭立新，翟京生，陆毅. 海图语言学的历史与演变[J]. 海洋测绘，2009，29(2).

[17] 田峰敏，赵玉新，李磊，等. 由矢量电子海图构建海底 TINDEM 方法研究[J]. 哈尔滨工程大学学报，2009，30(2).

[18] 梁二平. 谁在地球的另一边：从古代海图看世界[M]. 广州：花城出版社，2009.

[19] 翟京生. 现代海图学的变革[J]. 海洋测绘，2008，28(5).

[20] 朱颖，陆毅，蒋红燕，等. 数字海图水深的自动综合探讨[J]. 海洋测绘，2008，28(2).

[21] 赵建虎. 现代海洋测绘（下册）[M]. 武汉：武汉大学出版社，2008.

[22] 樊妙，眭海刚，金继业. 传统海图和电子海图一体化数据模型的构建与应用研究[J]. 海洋测绘，2007，27(3).

[23] 孔德宁，黄伟，曹万华. 基于 S-57 自定义海图数据转换及优化[J]. 舰船电子工程，2007(1).

[24] 暴景阳，刘雁春，晁定波，等. 中国沿岸主要验潮站海图深度基准面的计算与分析[J]. 武汉大学学报：信息科学版，2006，31(3).

[25] 刘国辉，彭认灿，陈子澎，等. 海图出版数据的通告改正更新技术研究[J]. 测绘科学技术学报，2006，23(5).

[26] 张晓娟，王斌，陈京京，等. 基于海图数据库的纸质海图生产系统[J]. 海洋测绘，2006，26(1).

[27] 海司航保部. 中国海图符号识别指南[M]. 天津：中国航海图书出版社，2006.

[28] 刘颖，翟京生，陆毅，等. 数字海图水深注记的自动综合研究[J]. 测绘学报，2005，34(2).

[29] 彭认灿，郭立新，陈子澎. 数字海图更新方法综述[J]. 航海技术，2005(2).

[30] 刘有钟. 海图上的水深可信赖吗？从核潜艇撞上没有标注的海底山峰谈起[J]. 航海，2005(5).

[31] 孟婵媛，翟京生，陆毅，等. Shape 格式海图数据向 S-57 格式的转换[J]. 海洋测绘，2004，24(5).

[32] 孙万民，孙群，张保明，等. 海图出版质量检测系统的设计与实现[J]. 海洋测绘，2004，24(3).

[33] 王世林，刘淑玲. 电子海图的标准[J]. 世界海运，2004，27(6).

[34] 暴景阳，黄辰虎，刘雁春，等. 海图深度基准面的算法研究[J]. 海洋测绘，2003，23(1).

[35] 谢兴澜，李源惠. 电子海图中不同基准纬度海图墨卡托坐标转换[J]. 大连海事大学学报，2003.

[36] 凌勇，孙万民. 数字技术对海图生产方法的影响[J]. 海洋测绘，2003，23(5).

[37] 李树军，殷晓冬. 中国海图符号发展特点研究[J]. 测绘工程，2002，11(2).

[38] 孙万民，孙群，肖强. 海图出版质量控制技术途径分析[J]. 海洋测绘，2002，22(4).

[39] 凌勇. 数字海图编辑设计的研究[D]. 中国人民解放军信息工程大学，2002.

[40] 刘振全，阎凤林. 数字海图的数据组织与要素编码规则[J]. 海洋测绘，2001.

[41] 殷晓冬. 高程基准与海图水深起算面问题研究[J]. 海洋测绘，2001(1).

[42] 詹朝明，高海鹏. 海图符号库的设计与实现[J]. 海洋测绘，2001(1).

[43] 刘振全，阎凤林. 数字海图的数据组织与要素编码规则[J]. 海洋测绘，2001(2).

[44] 邢向辉. 海图坐标系问题的研究[J]. 大连海事大学学报，1999，25(4).

[45] 徐德云. 电子海图的发展历程[J]. 世界海运，1999，22(3).

[46] 史世新. 电子海图概论[J]. 电子科技导报，1998(3).

[47] GB 12319－1998，中国海图图式[S]. 国家质量技术监督局，1999.

[48] 楼锡淳. 海图学概论[M]. 北京：测绘出版社，1993.

[49] 汪家君. 近代历史海图研究[M]. 北京：测绘出版社，1992.

[50] 汪家君. 近代历史海图及应用文集[M]. 北京：测绘出版社，1989.

[51] 李庆新. 海洋史研究（第九辑）[M]. 北京：社会科学文献出版社，2016.

[52] 佚名. 海图常识与海图改正[M].